安全指導・安全管理

JN117616

contents

本書では、児童福祉法上の児童厚生施設(屋内型)を「児童館」、放課後児童
健全育成事業を「放課後児童クラブ」として表記しています。

第2部

04 東日本大震災の被災地から

05 災害時の対応

06 災害に備える（ハード面）

07 災害に備える（ソフト面）

 Voice は、東日本大震災の被災地の児童館職員のアンケートや
ヒアリングから拾った声です。

第1部

　事件や事故は施設の設備面、子どもたちとの日頃のかかわり方などに加え、設置されている周辺の環境やその時々の子どもの様子など様々な条件が絡み合って発生しますので、その要因は一律でなく、普遍的で絶対に事故が起こらない防止方法はないといえます。

　しかし、でき得る限り未然に防ぎ、発生した場合には被害を最小限にし、同様の事故を二度と起こさないようにすることはできます。

　事故防止への取り組み、不審者対策について考えていきましょう。

01

事故防止への備え

1 こんな場所・遊具で、事故が起きている!!

遊戯室

子どもたちが元気いっぱい遊びまわる遊戯室。それだけに、事故も起きやすい。人と人との接触事故と転倒転落事故が最も多い場所でもあります。

庭

野球にサッカー、ドッジボール。鬼ごっこも始まりました。元気に遊ぶ子どもたちはたのもしい。でも、勢いあまっての転倒事故が多い場所でもあります。

こんな遊具でも

一輪車やトランポリン、とび箱やマット、大型積み木でも事故は起きています。これらのものとの衝突・接触、転倒事故が多くなっています。高所からの飛び降りが多いのも特徴的です。

2 どのような部位に どのようなけがが多いのか

顔面・頭部

施設内で起きる事故では顔面や頭部に受傷する傾向が高くなっています。
頭部の事故は重大事故につながる可能性があるので気をつけなければいけません。

腕・手・手指

特にスポーツ事故で多い傾向があります。打撲や捻挫、骨折が多いけがです。日頃の遊びの中で、敏捷性や柔軟性を高めることも重要です。

足・足指

腕・手・手指と同様にスポーツ事故で多い傾向があります。けがの種類としては、打撲や捻挫、骨折が多くなっています。

3 事故防止のために
～リスクマネジメントという考え方～

① リスクとは

　リスクには様々な定義がありますが、簡単に言えば「ある活動の中で事件・事故が発生する可能性、またその結果起こり得る被害の程度（大きさ）と可能性」ということになります。

② リスクマネジメントとは

　リスクマネジメントとは、「リスクがもたらす損失を最小化するために、組織活動に悪影響を及ぼすリスクの度合いを把握して、重要度の高いリスクを合理的、かつ最適コストで管理する手法」のことを言います。施設に潜在するリスクを職員全員で洗い出し、下図のように、発生可能性も、そのことによる被害程度も大きいもの（優先度Ⅰ）から取り組んでいかなければなりません。

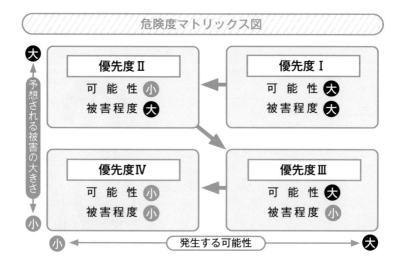

危険度マトリックス図

	優先度Ⅱ 可能性 小 被害程度 大	優先度Ⅰ 可能性 大 被害程度 大
予想される被害の大きさ	優先度Ⅳ 可能性 小 被害程度 小	優先度Ⅲ 可能性 大 被害程度 小

小 ← 発生する可能性 → 大

③ リスクマネジメントの手順

　施設におけるリスクマネジメントの手順を図式化すると下図のようになります。この手順を元に、対策を考えていくと良いでしょう。

リスクマネジメントの手順	児童館等におけるリスクマネジメント
1 リスクを発見する	点検活動報告書や事故報告書などからどこに"危険"が潜むか、できるだけ洗い出す。
2 優先順位を考える	事故・事件を引き起こす可能性の高い"危険"が何かを考え、対処すべき優先順位をつける。
3 導入すべき対策を考え・選ぶ	"危険"を無くす、または減らすために必要な対策をいろいろ考え、最も現実的（コスト、効果など）対策を採用する。
4 対策を実行する	採用した対策を実行していく。
5 検証する	その対策が確実に実行されているか、効果はどうか検証する。
6 見直しする	検証結果から明らかになった問題点を解消するため見直し・改善を図る。

4 リスクマネジメントの実際

① リスクの洗い出し

　リスクマネジメントにおいてリスクを洗い出す際、過去の事故事例やヒヤリハット（日常業務において重大な事故には至らなかったものの「ひやっ」としたり「はっと」したりした危険体験）を収集・分析することが効果的です。

　収集すべき主な事項は以下のとおりです。

　　◎発生時およびその前後の被害者情報（行動、性格、症状など）
　　◎発生場所の詳細情報（遊具の状況、道具の使用、周辺の状況など）
　　◎発生場所にいた関係者の行動、相互の連携に関する情報
　　◎現状の作業・指導手順（現マニュアルの内容、日常的な実際
　　　の作業方法、関連する問題点など）
　　など

その他の洗い出し手法には、次のようなものがあります。

　　◎各種点検報告書
　　◎保護者などからの苦情・クレーム報告書
　　◎施設内職員や保護者にアンケートを行う
　　◎施設内でブレーンストーミング（自由討論）を行う
　　◎過去の裁判事例
　　◎当該分野の専門家や有識者にインタビューを行う

リスクを洗い出したら、取り組むべき優先順位をつけます。

② 対策検討

　洗い出したリスクを「無くす」、または「減らす」ために必要な対策を色々考え、最も現実的（コスト、効果など）な対策を採用します。対策の考え方として、次の４つがあります。

① リスク回避
危険状況に巻き込まれないようにする、または危険状況から逃げる。 ➡ 遊具を完全撤去する、何も置かないなど。リスクは0になるが何の面白みもない施設になってしまう可能性がある。

② リスク移転
被害負担を他者と分担する、または他者に移す。 ➡ 保険など

③ リスク低減
危険状況が起こる可能性を下げる。または被害が大きくなるのを抑制する。 ➡ 防護柵の設置、窓辺に遊具を置かないなど

④ リスク保有
被害結果を受容する。 ➡ 可能性も被害程度も小さい場合に採用

③ 実行

対策の全体を整理して、できるだけ使いやすい実践的なマニュアルや、確認漏れを防ぐためのチェックリストなどを用意するなど、施設の規模や状態にあった工夫をすることが必要です。

④ 検証

検証の視点として以下の事項が挙げられます。

① 個々の対策が確実に実行されているか。
② 事故予防活動、防犯活動が定着したか。
③ リスクマネジメント全体の仕組みに問題がないか。
④ 洗い出し時点で確認したリスクを「無くす」または「減らす」ことができたか。
⑤ 個々の対策内容に問題点はないか。　　　　　など

　事故や犯罪被害が実際発生した場合は、事後のフォローアップとして、原因分析を行い、再発防止策を講じるとともに、その対策をリスクマネジメント活動の中に組み入れます。そしてこれらのステップを繰り返すことで「継続的な改善」を図り、安全度合いを一歩一歩、高めていきます。

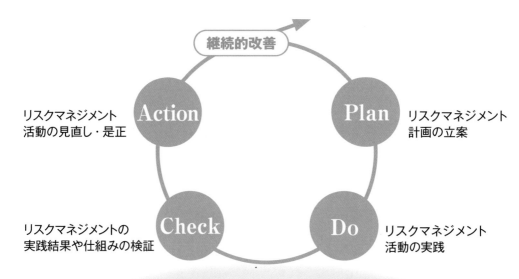

継続的改善

Action リスクマネジメント活動の見直し・是正

Plan リスクマネジメント計画の立案

Check リスクマネジメントの実践結果や仕組みの検証

Do リスクマネジメント活動の実践

ＰＤＣＡサイクルの実行が重要

5 ここを Check !!

01
事故防止への備え

　遊戯室、玄関・昇降口等、固定遊具の安全点検表の一例を紹介します。同じ遊戯室でも、施設によってその状況は様々です。例を参考にそれぞれの状況に合ったものを作成すると良いでしょう。

安全点検表（チェックリスト）：例…遊戯室

施設長		担当者		点検年月日		年　　月　　日

	点 検 項 目	チェック欄		具体的処置
01	床板の不具合（例…破損・くぎ・剥がれ）	有	無	改善・使用禁止・その他（　　　　　）
02	床が滑りやすい	有	無	改善・使用禁止・その他（　　　　　）
03	ドアの不具合（蝶番・ノブ・ガラス・ドアクローザー・あおり止め）	有	無	改善・使用禁止・その他（　　　　　）
04	ドアの戸付け部（柱側）に手指を挟む危険	有	無	改善・使用禁止・その他（　　　　　）
05	窓・窓ガラスの破損・ひび割れ	有	無	改善・使用禁止・その他（　　　　　）
06	掲示物（例…額縁・作品）の固定不全	有	無	改善・使用禁止・その他（　　　　　）
07	吊り下げた物品（例…電灯・ブラインド）の固定不全	有	無	改善・使用禁止・その他（　　　　　）
08	いす・机の不具合（例…ささくれ・ネジの緩み・抜け落ち）	有	無	改善・使用禁止・その他（　　　　　）
09	書棚・収納棚等の転倒の危険	有	無	改善・使用禁止・その他（　　　　　）
10	書棚・収納棚等からの落下物（例…テレビ・収納物等）の危険	有	無	改善・使用禁止・その他（　　　　　）
11	内壁の剥離	有	無	改善・使用禁止・その他（　　　　　）
12	壁面に飛び出たフック・くぎ	有	無	改善・使用禁止・その他（　　　　　）
13	室内遊具・玩具・運動用具の不具合（例…部品の緩み・破損・亀裂）	有	無	改善・使用禁止・その他（　　　　　）
14	遊具・器具の収納状況の危険（例…落下・崩壊・倒壊、よじ登り）	有	無	改善・使用禁止・その他（　　　　　）

安全点検表（チェックリスト）：例…玄関・昇降口・廊下・階段・便所

施設長		担当者		点　検 年月日		年　　　月　　　日

1 玄関・昇降口

	点　検　項　目	チェック欄		具体的処置
01	あおり止めの不具合（金具の緩みなど）	有	無	改善・使用禁止・その他（　　　　　　　　）
02	ドアに手指が挟まれない配慮ができていない	有	無	改善・使用禁止・その他（　　　　　　　　）
03	床が滑りやすい	有	無	改善・使用禁止・その他（　　　　　　　　）
04	下足箱が転倒する危険	有	無	改善・使用禁止・その他（　　　　　　　　）
05	スノコ…足を挟みやすい隙間・くぎの飛び出し	有	無	改善・使用禁止・その他（　　　　　　　　）

2 廊下

	点　検　項　目	チェック欄		具体的処置
01	床が滑りやすい	有	無	改善・使用禁止・その他（　　　　　　　　）
02	床板の不具合（例…破損・くぎ・剥がれ）	有	無	改善・使用禁止・その他（　　　　　　　　）
03	掲示物（例…額縁・作品）の固定不全	有	無	改善・使用禁止・その他（　　　　　　　　）
04	壁面に飛び出たフック・くぎ	有	無	改善・使用禁止・その他（　　　　　　　　）
05	窓・窓ガラスの破損・ひび割れ	有	無	改善・使用禁止・その他（　　　　　　　　）
06	不要物の有無（衝突・よじ登り）	有	無	改善・使用禁止・その他（　　　　　　　　）

3 階段

	点　検　項　目	チェック欄		具体的処置
01	滑りやすい	有	無	改善・使用禁止・その他（　　　　　　　　）
02	手すりの間隔が広い （乳幼児がすり抜けられる）	有	無	改善・使用禁止・その他（　　　　　　　　）
03	不要物の有無（衝突・よじ登り）	有	無	改善・使用禁止・その他（　　　　　　　　）

4 便所

	点　検　項　目	チェック欄		具体的処置
01	床が滑りやすい	有	無	改善・使用禁止・その他（　　　　　　　　）
02	ドアの蝶番・鍵・ノブ等の不具合	有	無	改善・使用禁止・その他（　　　　　　　　）
03	衛生状態	有	無	改善・使用禁止・その他（　　　　　　　　）

14

安全点検表（チェックリスト）：例…広場・固定遊具等

施設長		担当者		点検年月日	年　月　日

1 固定遊具

	点 検 項 目	チェック欄		具体的処置
01	鋭利な先端・角・縁	有	無	改善・使用禁止・その他（　　　　　）
02	突起・引っ掛かり	有	無	改善・使用禁止・その他（　　　　　）
03	手・足・首が挟み込まれるような開口部・隙間	有	無	改善・使用禁止・その他（　　　　　）
04	基礎部の露出	有	無	改善・使用禁止・その他（　　　　　）
05	ロープ・ひも・チェーンの放置・遊具に結ばれている	有	無	改善・使用禁止・その他（　　　　　）
06	腐れ・ひび割れ・砕け	有	無	改善・使用禁止・その他（　　　　　）
07	着地部の窪み	有	無	改善・使用禁止・その他（　　　　　）
08	遊具の一部やネジの緩み・消失	有	無	改善・使用禁止・その他（　　　　　）
09	ガラス・金属破片やゴミの散乱	有	無	改善・使用禁止・その他（　　　　　）
10	落書き・破壊	有	無	改善・使用禁止・その他（　　　　　）

2 門柱・門扉・フェンス

	点 検 項 目	チェック欄		具体的処置
01	門柱が不安定（ぐらつき）	有	無	改善・使用禁止・その他（　　　　　）
02	門扉の不具合	有	無	改善・使用禁止・その他（　　　　　）
03	金網の破損	有	無	改善・使用禁止・その他（　　　　　）

3 水飲み場

	点 検 項 目	チェック欄		具体的処置
01	蛇口…鋭利な状態・部品の緩み	有	無	改善・使用禁止・その他（　　　　　）
02	周辺が滑りやすい	有	無	改善・使用禁止・その他（　　　　　）
03	排水の不良	有	無	改善・使用禁止・その他（　　　　　）

4 排水溝・蓋（ふた）

	点 検 項 目	チェック欄		具体的処置
01	排水溝の蓋の不具合（ずれている・欠けている・部分的に消失）	有	無	改善・使用禁止・その他（　　　　　）
02	排水の不良	有	無	改善・使用禁止・その他（　　　　　）

※以上のほか、広場内の樹木（枝の伸び具合・折れ・枯れ・地表面に浮き出た根）、花壇の縁石・柵、倉庫（施錠・収納物の整理状況）、周辺の道路や水路、蜂の巣などが点検対象項目となってくる。

(15)

6 安全指導

1 子どもの年齢や遊び等の状況に応じた事故防止に関する指導

施設・設備に関して万全の対策が行われていても、利用する子どもの行動（遊具・道具の扱い、遊び方）、服装・持ち物・履物等の状態により、事故が発生することがあります。

そのためにも、また、子ども自身の安全に対する意識を高めるためにも年齢、その時々の遊び・活動、日常生活の中での状況に応じて、安全指導を行うことが必要になります。

また、近年、児童館では子育て支援事業が広がりをみせており、乳幼児活動が活発な児童館もたくさんあります。特に、乳児や低年齢幼児の事故防止については、保護者の協力が不可欠です。

利用に際して、児童館内、廊下・階段などの付属施設、広場・固定遊具等における乳児や幼児に発生しやすい事故について保護者に説明し、安全に対する意識を高めたり、保護者がお互いに子どもを見守ることについて協力を求めたり、家庭でのしつけなども重要であることを伝えることが必要でしょう。

DVD や紙芝居、本等の教材も、利用児童の年齢に合わせて準備しましょう。

ある施設の安全指導

◎新入生が入ってくる４月は重点的に安全指導することが、後々のリスク軽減につながっていきます。この一か月で、児童館の遊びのルールや遊具の正しい使い方をしっかりと指導するようにします。

◎集団遊びを指導する際、リスクを軽減するルールを設定します。例えば、鬼ごっこをする時には、〈お友達を押さない〉〈狭い所には逃げない〉〈高い遊具や、木の上には逃げない〉といったことを事前に子どもたちと確認します。また、木の根っこがもりあがっていたり、コンクリートがむき出しになっている部分を事前に伝え、注意を促すことも重要でしょう。

◎夏の暑い時期は、サンダル等を履いてくる子どもたちがいます。その履き物の場合はドッジボールやサッカー等、スポーツ的要素を含んだ遊びには参加させないようにします。

◎防犯対策として「いかのおすし」（いか**ない**）（**の**らない）（**お**おごえをだす）（**す**ぐ逃げる）（**し**らせる）を出入り口に掲示したり、定期的に唱和したりするなどして、周知徹底を図ります。

　　　　　　　　　　　　　　　　　　　など を行なっています。

② 子どもを交えた施設利用のルールづくり

　事故防止対策のために、職員からの禁止事項があまりに多くなると、利用する子どもの立場からすると施設の魅力を失わせることになってしまいます。事故事例、事故防止の基本を伝え、例えば事故が発生しやすい遊戯室や広場での遊びの種類、時間帯による遊びの区分、利用できる遊具・運動用具等について、子どもたちと考え、意見を交わす機会を設けて、子どもたちによる事故防止のためのルールをつくり、互いにルールを守るという安全指導も必要でしょう。

02

緊急事態への備え

1 緊急事態への備え
～何か起こった時あなたは大丈夫?～

　何か起こったときに、落ち着いて行動できるようにするために、日頃から備えをしておくことが大切です。

　まずは緊急事態が起こった際の対応を、フローチャートを使用して確認してみましょう。

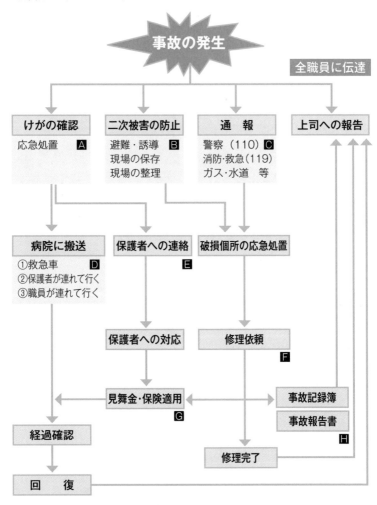

事故の発生

全職員に伝達

けがの確認	二次被害の防止	通　報	上司への報告
応急処置　A	避難・誘導　B 現場の保存 現場の整理	警察（110）C 消防・救急(119) ガス・水道　等	

病院に搬送
①救急車　D
②保護者が連れて行く
③職員が連れて行く

保護者への連絡　E

破損個所の応急処置

保護者への対応

修理依頼　F

見舞金・保険適用　G

事故記録簿

事故報告書　H

経過確認

修理完了

回　復

再発防止策の検討

事前準備チェックリスト

　前ページのフローチャート**A**〜**H**で示した項目については以下の点を確認し、ＹＥＳがつかない項目については必ず再確認をし、対応するようにしておきましょう。

	項　　目	チェック
A	職員が救急法の訓練を受けている。	ＹＥＳ・ＮＯ
	救急用品を備え、常に中身を点検している。	ＹＥＳ・ＮＯ
B	緊急時の避難方法・経路を職員間で確認している。	ＹＥＳ・ＮＯ
	緊急時の役割分担ができている。	ＹＥＳ・ＮＯ
C	緊急通報訓練を行っている。	ＹＥＳ・ＮＯ
	通報先の一覧表がある。	ＹＥＳ・ＮＯ
D	病院の専門科目・連絡先・休診日を調べてある。	ＹＥＳ・ＮＯ
E	利用者の保護者に確実に連絡が取れる。	ＹＥＳ・ＮＯ
F	業者のリストが整っている。	ＹＥＳ・ＮＯ
G	保険や見舞金の適用基準を理解している。	ＹＥＳ・ＮＯ
H	事故記録の記入内容を理解している。	ＹＥＳ・ＮＯ

3 緊急時のための チェックリスト

机や壁等、目立つ場所に貼って、緊急時にも落ち着いて対応することが必要です。

火事・救急 ▶ **❶電話をかける。**

１１９番

（落ち着いてオペレーターの質問に答えましょう。）

オペレーター

火事ですか？　救急ですか？

❷どちらか、伝える。

オペレーター

どうしましたか？

❸事故・けがの様子を伝える。

---

❹ 住所・電話番号、施設の名称を伝える。

住所 _____ （目印になる場所なども）

TEL _____

施設の名称 _____

---

❺電話した人の名前などを伝える。

事件・事故

⓵電話をかける。
１１０番

落ち着いてオペレーターの質問に答えましょう。

事件ですか？　事故ですか？

⓶どちらか、伝える。

いつありましたか？　どこでありましたか？

⓷日時、施設の名称・住所・電話番号を伝える。

日時	年　月　日

施設の名称

住所　　　　　　　　　　　（目印になる場所なども）

TEL

犯人はどんな人ですか？

⓸ 覚えていることを伝える。
⓹ 電話した人の名前などを伝える。

02

緊急事態への備え

23

被害児童の保護者への連絡票（案）

児童名		保護者名	
電話番号		住所	

連絡事項	担当者名	連絡日時	チェック
第一報			
受傷の状態（けがの程度、児童の状態）			☐
事故の状況			☐
施設の誰が対応しているか			☐
処置について（意向をうかがう）			☐
すぐに来てもらえるか			☐
備考			

連絡事項	担当者名	連絡日時	チェック
回復等の経過（経過の確認）			☐
回復等の経過（経過の確認）			☐
回復等の経過（経過の確認）			☐
備考			

連絡事項	担当者名	連絡日時	チェック
保険・見舞金等の内容			☐
備考			

病院一覧

診療科目	病院名	所在地	電話	休診日
小 児 科				
内 科				
外 科				
整 形 外 科				
脳神経外科				
眼 科				
耳 鼻 科				
歯 科・口 腔 外 科				

アレルギーへの対応

　近年、子どもたちに多く見られる「アレルギー」。アレルギー疾患とは、本来なら反応しなくてもよい無害なものに対して、過剰な免疫反応と捉えることができます。代表的なものとして、気管支喘息、アレルギー性鼻炎（花粉症など）、皮膚炎、じんましん等に加えて、最近では特に食物アレルギーに関して注目が集まっています。

◎食物アレルギーとは

　食物を摂取等した際、身体が食物（に含まれるタンパク質等）を異物として認識し、自分の身体を防御するために過敏な反応を起こすことがあります。原因食物（アレルゲン）は多岐にわたっていますが、鶏卵、乳製品、小麦などがあります。

　国では、特定のアレルギー体質をもつ消費者の健康危害の発生を防止する観点から、過去の健康危害等の程度、頻度を考慮し、容器包装された加工食品へ特定原材料を使用した旨の表示を義務付けています。

特定原材料等の名称	表示
卵、乳、小麦、えび、かに、そば、落花生	表示義務
あわび、いか、いくら、オレンジ、カシューナッツ、キウイフルーツ、牛肉、くるみ、ごま、さけ、さば、大豆、鶏肉、バナナ、豚肉、まつたけ、もも、やまいも、りんご、ゼラチン、アーモンド	表示を奨励（任意表示）

　症状としては、皮膚・粘膜、消化器、呼吸器、さらに全身性に認められることがあるが、最も多い症状は皮膚・粘膜症状です。呼吸器症状が出た場合は複数の臓器に症状が出現する状態（アナフィラキシー）や、生命に関わる重篤な状態（アナフィラキシーショック：血圧低下、意識レベルの低下や脱力等）へ進展するリスクが高まります。

　対策としては、「原因となる食物を摂取しないこと」が基本です。食育の事業やおやつの提供時には原材料の確認や表示・掲示をおこない、利用児童の保護者からはアレルギーに関する申告を求めるようにします。また、事業やおやつ提供終了時には、アレルゲンを除去するため清掃をしましょう。

　万一症状が出現した場合には、速やかに適切な対処を行うことが重要です。重篤な症状を引き起こし兼ねない場合は、アドレナリン自己注射薬（商品名「エピペン®」）を処方されている子どももいます。この使用や保管に関しては保護者、医師、学校等と事前の協議を行うことが肝要です。また使用方法について、事前に確認（ホームページ参照）をしておきましょう。使用後は医療機関での診察が必要ですので、そのような状況になった場合は、救急車を手配するなど医療機関への搬送準備をしましょう。

　アレルギーは、子どもたちや家族も未知で、突然発症することもあります。合わせて、児童館・放課後児童クラブでは、新たな感染症が蔓延する懸念もあります。最新の情報を収集する努力をつづけていきましょう。

●厚生労働省「保育所におけるアレルギー対応ガイドライン」（2019年改訂版）
●ファイザー株式会社　エピペン「教職員・保育士・救急救命士の皆様」
　http://www.epipen.jp/teacher/

4 事故が起きてしまったら
~事故対応の心得~

P20 のフローチャートとともにお読みください。

1 初期対応

[1] 状況の把握・応急処置

1　まず、受傷部位、受傷程度（軽症か重症か）、命に別状があるのかどうかを確認するとともに、必要に応じて応急処置（止血、冷やす、安静、人工呼吸等）を行います。

2　同時に応急処置後の対処が施設においてできるのか、それとも外部の医療機関に委ねるべきかを判断します。

3　医療機関に連れて行く場合、職員が移送するのか救急車を呼ぶのかについて判断し迅速に行動します。

4　移送付き添い、あるいは救急車同乗の職員についても日ごろから担当を決めておき、子どもの情報等の所持品に遺漏のないこと、また即座に行動できることが求められます。

［2］事故の被害拡大と二次災害の防止

　他の子どもたちにも被害が及ぶケースがあります。また、物理的な被害を直接受けることがなくとも、その場に遭遇し事故を目撃することで、周りの子どもが精神的なダメージを受けることも考えられます。

> ［1］の応急処置行動と並行して他の子どもの誘導（事故現場から子どもを遠ざける）・安全確保（職員による保護）等の対応をします。

> ケースによっては警察署や消防署への通報も速やかに行います。被害拡大と二次災害を防ぐためにも、とっさの行動が取れるように日ごろから職員の役割分担を確認しておくことが重要です。

［3］被害（負傷）児童の保護者への連絡

　被害（負傷）児童の保護者には相手の心情を充分察して対応し、信頼関係を築くためにも誠意ある言動に心を砕かなければいけません。さらに、信頼関係構築にあたっては施設が把握している事故の情報についても迅速かつ正確に伝えることも重要な条件です。

> 保護者に事故状況及び負傷の様子について連絡するとともに、処置についての意向を打診し、その意向に応じた対応を行います。

> 必要に応じて施設か、あるいは医療機関に移送した場合は病院へ急行してもらうようお願いします。

> 緊急性がない場合でも、負傷の部位や程度によっては職員が子どもを家庭まで送り届け、直接保護者に事故発生時の状況説明を行うなど丁寧に対応することが肝要です。保護者が就労しており家庭に不在の場合は勤務先に連絡します。

［1］ 事故の情報収集

① 応急処置が落ち着きを得た時点で、立ち入りを制限するなど現場の保存を図ります。必要に応じて現場の写真なども撮影し、事故の客観的な記録として残すことも重要です。

② 目撃もしくは居合わせた子ども等から事故の事情、経緯などの状況についてできる限り情報の収集にあたります。その際、子どもの精神状態に十分に気を配り、動揺や不安を増幅することのないよう注意しなければいけません。

［2］ 概要の把握と全体化

① 施設長もしくは指導的立場の職員は、収集した情報に基づき事故の概要について把握し、速やかに職員全員に伝達をします。

② 施設長もしくは指導的立場の職員及び伝達を受けた職員は、それぞれの分掌（◎安全確認　◎保護者への連絡・対応　◎医療機関との連絡　◎関係機関への連絡　◎現場の片付け等）の対応と処理に速やかに従事します。

［3］ 関係機関への連絡等

① 行政の所管課や法人本部など関係機関に、事故の発生について早急に連絡を入れます。
被害児童の名前等をはじめ「いつ」「どこで」「なにがあったか」「今どのようになっているのか」を正確かつ簡潔に伝えます。同時に現場での対外的な対応のあり方について指示・助言を仰ぎます。

② 大きな事故の場合は、現場の混乱も予想され、事実関係の把握に時間が必要なケースもあり、説明責任を果たすことを考慮しつつも、部外者への情報提供は拙速を避け慎重に対応する必要があります。

[1] 子どもへのケア

　　負傷した（被害にあった）子どもについては、来所時の身体的なケアをはじめ子どもの心情に考慮し、負傷状況に応じてメンタル面におけるサポート（見舞いに行く、声掛けをする、友人関係に気を配る、悩みや要望について聞く等）を中心に働きかけを行います。

　　児童間のけんかやトラブル、事故によるものについては「加害児童」と「被害児童」の人間関係修復を念頭に置き取り組まなければなりません。事実関係の調査、特に当事者からの聴取などを施設で行う場合、相互の人権に配慮し慎重に進めることも求められます。

　　当事者以外の子どもについても、出来るだけ早急に事故の状況について説明し、今後同様の事故が発生しないよう喚起すると共に対処の方法について安全指導をすることが重要です。

[2] 保護者への対応

初動における対応後、施設長等の責任者が負傷（被害）児童の状況に応じて病院あるいは自宅に出向いて保護者と会うことが必要です。

1 訪問にあたっては施設管理下で発生した事故であることを踏まえ、まず事故発生についてお詫びをし、続いてその時点で判明している事実関係について説明します。事実関係については関係した職員等から事前にしっかりと伝達を受けておき、判明している事実のみを述べ、不確かなことは口にしないようにします。

2 翌日以降も保護者に連絡を入れ、回復等の経過について把握するとともに誠意ある態度を示すことが肝要です。

3 折をみて保険等の補償問題について施設としての対応を伝えます。（施設長等は日頃から自館の補償システムについて熟知していなければなりません。重大な事故については行政所管課、法人本部、加入保険会社などと十分協議のうえ保護者対応を行います。）

4 子ども同士のけんかやトラブルによる場合は、合わせて加害児童の保護者に対しても事実関係の説明を行います。この時、加害児童の保護者として適切な行動を取ってもらえるように被害児童の保護者の心情に理解が及ぶよう説明します。

[3] 事故記録簿の作成

　事故が発生した時は、事故の内容（発生日時・場所、被害児童及び関係児童等の氏名、負傷の状態等）及び経過（初期対応の様子、事故処理、治療の状況、保護者対応等）を整理し「事故記録簿」を作成します。

　記述にあたっては、具対的かつ事実に即した客観的ものであることが求められ、恣意的な表現にならないように注意します。

　「事故記録簿」は被害児童の保護者への対応や上部機関への報告、保険等の手続きの原資料となり、今後の事後防止・予防においても役立つものなので、必ず常備し、活用することが望まれます。

事 故 記 録 簿

記録者名		記録日	年　　　月　　　日

事故時の様子

受傷者名		年齢	歳	天候	
事故発生日	年　　月　　日	時刻	時　　　　　分頃		
事故発生場所	具体的に				
どのような場面で	具体的に				
何 が 原 因 で （起因する物、服装、 行動）	具体的に				
受傷部位	頭部　顔部　体幹部 上肢部　下肢部	具体的に			
発生時の受傷状態	骨折　捻挫　脱臼　肉離れ　打撲　擦り傷　切り傷 刺し傷　やけど　歯が折れる　歯がずれる・抜ける その他				
他の受傷者の状況	具体的に				
応急処置	処置時刻： 対応者名： 処置内容：				
搬送の必要性	無　　　有　　　⇒	連絡者名：　　　　　搬送者名： 連絡時刻：　　時　　　分　　頃 搬送先：			
搬送先での処置	担当医名： 処置内容／所見、指示等：				
保護者への連絡	連絡者名：　　　　　　　　連絡時刻：　　時　　　分　　頃 連絡内容／保護者の応答：				
治療医療機関名称		電話			
通・入院	通院　無　有　→　完治まで（　　　　カ月　　　　日間） 入院　無　有　→　完治まで（　　　　カ月　　　　日間）				

03

不審者に対する備え

1 不法侵入を予防する

　不法侵入への対応は周囲の環境、施設設備の状況、運営方法によって違いが出てきます。また、不法侵入の主導権は犯罪者側にあり、施設側がこれを事前にコントロールすることは非常に困難です。そのため、絶対確実な「こうすれば良い」という方法は残念ながらありません。もしあるとすれば、施設を「要塞化」してしまうしかないでしょう。でも手をこまねいているわけにはいきません。

　100％予防することは不可能でも、犯罪を起こせないように対策を行うことにより1％でも発生の可能性を低くし、残念ながら発生してしまった場合においても、1つでも被害を減らす。これが犯罪対策の基本的な考え方です。

　では、その対策の一例をみていきましょう。

① 出入り口の制限

　施設内に入れる場所が多ければ多いほど、不法侵入することが簡単になります。改めて出入り口を見直し、職員が監視しづらい箇所や、あまり使っていない箇所は施錠するなどの手段で封鎖することを検討してください。ただし、火災等の災害が発生した場合の避難口を制限することになる場合がありますので、災害時の避難とバランスを考えて行うようにしてください。

② 受付の設置（児童館）

　子どもが出入りするところに人員が配置され、入館者をチェックできれば招かれざる客を監視することができ、不法侵入を予防することが可能となります。

　受付では来館の目的と名前を書いてもらい、明確な来館目的のない者を排除します。出入り口での職員による来館者のチェックは、不法侵入を企図するものに対して抑止的な効果が期待できます。

③ ルールの導入と明示（児童館）

　来館者に対してルールを提示し、どのような人が入館して良いのかを明示します。例えば次のようなルールが考えられます。

① ＩＤカードを付けてもらう。(児童館で手作りしたものでも良い)
② 出入りして良い場所を明示する。
③ アルコールの持ち込み禁止。
④ 危険なものの持ち込みを禁止。（刃物類、火器類など）
⑤ 職員が必要と感じた場合の手荷物の検査。（ただし、強制できないので同意を得た上で）
⑥ 受付を必ず通り手続きをする。

　ルールを導入することで、来館者の中でルールを守らない人がいた場合に「不審者」として対応し、危険な兆候をすばやく察知し、明確な理由をもって排除することが可能になります。

④ 監視する

　「監視」は、犯罪企図者が犯罪を行おうとしているその前に、その者を見ることができることを意味します。有効な監視者の存在は犯罪企図者に対して圧力をかけることになります。

① 自然の監視
　　職員が通常の業務を行いながら周囲を見渡すことをいいます。「施設内外の見渡しをよくする」、「照明を設置し、暗いところを明るくする」、「視界をさえぎるものを排除する」などです。
② 正式な監視
　　受付の設置がこれに当たり、犯罪企図者に対して正式な形で監視していることを伝えるために行うものです。受付の設置以外には、「警備員を配置する」「監視カメラを設置する」「侵入感知センサーを設置する」などがあります。

③ 非公式の監視

　不審な人物が児童館の様子をうかがっていないか、不審な車両が存在していないかなど職員が周辺を注意深く観察し、異常な兆候を見つける作業です。犯罪の兆候をつかむ上で重要な役割を持ちますが、異常な状態とは何かを具体的に示し、かつ報告する意識を職員が持たなければなりません。

⑤ 防犯環境設計の導入

　「建物の構造や内部配置を変えることにより犯罪を起こせる環境をなくし犯罪を減らす」という考え方です。

① 監視性の確保
　侵入者を簡単に監視することができるようにデザインすることです。
② 領域の強化
　物理的なデザインで空間の管理者を明確にさせて犯罪者に認識させます。敷地境界を明確にすることで強化されます。
③ アクセスコントロール
　犯罪企図者を簡単に標的に近づけさせないデザイン。入館後にいて良い場所の明示などがこれに当たります。
④ 標的の強化
　子どもが遊ぶ場所への出入り口の施錠やドアの強化などです。標的となる人物がいる場所を攻撃から守れるだけの防御力を与えます。

2 不法侵入に備える

予防をしているものの不幸にも不法侵入されてしまった時のために事前に次のような準備しておくと良いでしょう。

① 不審者への対応方針を決めておく

ただ入館してきてぶらぶらしている等、危険な人物とも判別が不可能な場合に、児童館として職員全てが同じ対応ができるようにしておくことが必要です。これは、地域との連携具合や、よく来館される方の状況によって違ってきますが、基本的には以下のような手順で行うと良いでしょう。

① 受付等での挨拶を確実に行う。
② ルールを守っていない人物であるかどうかを確かめる。
　（ID カードを付けていないなど。）
③ ルールがあることを説明し、受付まで戻ってもらう。
④ ルールに従わない場合は出るように言う。

② 非常通報体制の確立

周りの職員に非常事態が発生したことを伝えるのは、被害を最小限にするために重要なことです。声を出すのか、防犯ブザーを鳴らすのか、はたまた非常通報装置を導入しそれを利用するのか、それぞれの施設にあった方策を見つけ出すことが必要です。

この他に不審者が入ってきた場合にも、周りに伝える手段や警察への通報をどのタイミングで、どのように行うのかも考えておくべきです。

最低でも次の準備をしておく必要があります。

① 保護者への連絡はどうするのか、関係機関との連絡はどうするのか等を事前に決めておきます。
② 緊急時には施設の電話はすぐにパンクすることを想定し、いくつかの手段を用意します。
③ 事前に緊急連絡すべき相手の一覧表を作っておきます。
④ 保護者に関しては、自宅へ連絡しても連絡がつかないことも多いので、勤務先へ連絡できるようにする、携帯電話の番号を教えてもらう等の工夫が必要です。

　可能であれば、携帯電話のメール機能を利用した緊急連絡体制を整えることができれば、いっせいに、かつ正確に連絡が出来るようになるでしょう。ただし、メールアドレスをもらうことは、個人情報保護の観点から管理をどうするのかを慎重に検討した上で行いましょう。

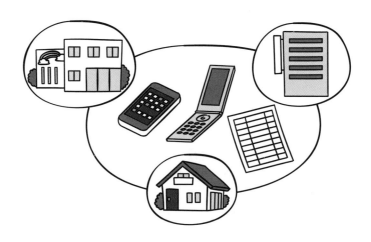

④ 凶器をもった人間への対応手段

　職員は子どもを守る義務はありますが、犯罪者を捕まえるのは仕事ではありません。相手を捕まえようとすれば必然的にそこに危険が生じます。あくまでも子どもに犯罪者を近づけさせないこと。それを意識して対峙します。

① 素手では立ち向かわない。立ち向かう場合には、机でも椅子でもほうきでもいいので、何かしら手に持って対峙します。
② 催涙スプレーやさすまた、警棒等は武器です。相手に奪われた場合、それは犯罪者の武器にもなり得ます。また、これらの武器は訓練を十分にしていないと活用が難しく、さすまたや警棒は女性には重すぎてうまく使用することができない場合も考えられます。これらの武器を準備するよりも、相手からの攻撃を防ぐものを準備することをお勧めします。

⑤ 応急手当訓練と応急手当器具の準備

　事前に講習を受講する等、応急手当の訓練を受けるとともに、応急手当器具（ファーストエイドキット）を用意し、日頃から迅速に対応できるようにします。応急手当器具を用意する際には、容易に使用できるものを準備します。定期的に中身の確認をし、不足しているものや有効期限切れの薬品、使用不可能となったものは、入れ替えもしくは補充を必ず行います。

ファーストエイドキット内容（参考）

内容物	備考
ウェストポーチ	キットを地面に直置きしないため
滅菌カットガーゼ	
脱脂綿	
ナース用はさみ	
ピンセット	
サージカルテープ	包帯、ガーゼ等を留めるテープ
ペンライト	
デジタル体温計	
綿棒	
包帯	通気性、伸縮性、大きさ等を考慮する
毛抜き	
ばんそうこう	
タオル	
ビニール袋	
ティッシュ	
ポリ手袋	体液による感染を防ぐため
ツメきり	
鼻栓コットン球	
コールドスプレー	

その他、必要に応じて三角巾、副木、眼帯等を入れておくと良いでしょう。

⑥ セーフティーゾーン（避難先）を決める

　現在、不法侵入された場合、多くの学校では校庭に避難させるところが多いようですが、開けた場所への避難が正解とは限りません。ドアを強化し、警察官が駆けつけるまで中に立てこもれる場所があれば、そこも安全な場所といえます。外に避難させることを考えるだけでなく、中に立てこもるという手段（海外では、パニックルーム、セーフティールームなどと言われている考え方）もあることも考慮してみてください。

　なお、立てこもる場合には外部との連絡手段として、部屋の中に携帯電話を置いておく等の工夫が必要になります。

避難場所の選定基準（一例）
① 子どもへの接触が簡単ではない場所
② 地域住民の協力が得られやすい場所（助けを求めることができる地域住民の存在が必須）
③ マスコミにさらされにくい場所
④ 安全が確かめられる場所

❼ 非常時を想定した訓練、研修

　どんなに設備・機材や体制を準備しても、それが非常時に活用できなくては意味がありません。非常時に職員全員がうまく動けるようになるためにも日頃からの訓練、研修は欠かせないものです。

　大抵の場合、成功する訓練が行われていますが、訓練は問題を発見するために行うものです。成功する訓練ではなく、失敗を学ぶ訓練を行うことにより、P12に示されている「PDCAサイクル」に従って改善、実行を繰り返していけば良いのです。

　次に研修ですが、犯罪は時代の変化に伴い手口が変化しています。新しい手口が出る度に、凄惨な事件も起きているのが現状です。そのため、守る側も新しい手口に対応しなくてはなりません。どのような手口があるのか、それに対する有効な対抗手段は何があるのかを研修する必要も出てくるでしょう。専門家を呼んで研修するのも有効な手立てです。外部の知恵を取り入れることによって、自分たちでは発見できなかった新たな手段が見つかるかもしれません。

3 不法侵入に対応する

① 不法侵入者に対する際の心構え

　児童館・放課後児童クラブには守るべき子どもがおり、どんな手段を使っても不法侵入者に立ち向かわなくてはなりません。

　立ち向かうためには、何よりも冷静にならなければなりません。

① 相手を良く見て、動きを観察する。

　刃物を持っているとすれば、長さはどれぐらいか。

　相手の腕はどれぐらいの長さか。

　どこまで踏み込んで来れそうか。

　よく観察して対応します。

② 椅子でも棒でもなんでもいいので手に持つようにします。

　手ぶらで対峙するのとは、心の余裕が違ってきます。でも、闘うのではありません。

③ 皆さんは子どもを守る職員であり、警察官ではありません。

　犯人を捕まえる危険な役目は警察官にお願いし、あくまでも子どもへの接触を防ぐことに専念することが大事です。

② まず子どもの確認を

　犯人が捕まったり逃げたりした場合は、速やかに子どもを確認します。侵入者は職員に会う前に、どこかで子どもに危害を加えている可能性もあります。また、職員の知らないところでけが人が発生していることも考えられるからです。

　目の前の悲惨な状況だけが全てではないことを認識して、対応してください。

③ 緊急連絡の方法

　緊急時における連絡の仕方も一般的に使われる「５Ｗ１Ｈ」で行います。しかし、通常の連絡とは報告の優先順位が違います。

①What	**（何が）**	**何が起こっているのか**
②Where	**（どこで）**	**どこにいるのか**
③Who	（誰が）	自分は誰で相手は誰なのか
④When	（いつ）	いつ起こったのか
⑤Why	（なぜ）	なぜ発生したのか
⑥How	（いかに）	いかにして起こったのか

　上から順に報告していくようにします。特に①、②の「何が」「どこで」起きているのかということがとても重要です。それ以外は後から連絡しても問題ありません。特に「なぜ」と「いかに」の部分に関しては、緊急事態発生時には連絡する必要は全くなく、情報を集める必要もありません。

児童館における不法侵入対策の困難さ

　児童館は不法侵入者対策を行うには致命的な課題が存在します。それは、児童館がその施設の性格上、地域の住民に常に開かれており、不特定多数の人間が出入りすることができ得る施設であることです。

　児童館は地域に開かれ、様々な施設・機関・団体と連携することが、活発な活動を行う上での必須の要件ともいえます。

　ところが、これに相反して、このことが不法侵入者対策を行う上では致命的な課題ともなってしまうのです。

　誰もが出入りできるということは、犯罪企図者も出入りすることができる可能性も増大するということを意味します。この課題をどう乗り越えるのかを深く検討する必要があります。

　繰り返しになりますが、「こうすれば良い」という絶対的な方法は残念ながらありません。でも手をこまねいているわけにはいかないのです。

　これまでに述べてきた様々な手段をそれぞれの児童館に合った方法で選び、組み合わせて使っていただき、また、合わせて独自に情報収集する等、継続的な対策検討を続けていただきたいと思います。

第2部

2011年3月11日14時46分。

宮城県沖を震源とする東日本大震災が発生しました。甚大な被害に日本中が心を痛めました。

未曾有の災害となった震災以後、各地の施設では防災対策が急務となっています。

完璧な防災対策というのは無いということを前提にしながら、被害は発生するものと想定しつつ、その被害を減らしていく「減災」を意識しながらまとめました。

なお、第2部では主に地震を想定した内容としています。他の災害に応用できる部分もあります。

04

東日本大震災の被災地から

1 被災状況

　2011年3月11日　14：46　東日本大震災発生。

　地震の規模を示すマグニチュード は M9.0 で、日本周辺における観測史上最大の地震となりました。最大震度は宮城県栗原市での震度7。

　震源は三陸沖男鹿半島の東南東130km付近の深さ24km。震源域は岩手県沖から茨城県沖までの南北約500km、東西約200km のおよそ10万平方キロメートルという広範囲に及び、甚大な被害を受けました。

震度7	宮城県北部
震度6強	宮城県南部・中部、福島県中通り・浜通り、茨城県北部・南部、栃木県北部・南部
震度6弱	岩手県沿岸南部・内陸北部・内陸南部、福島県会津、群馬県南部、埼玉県南部、千葉県北西部

　同日14：49には大津波警報が気象庁から発令されました。結果、予想を超える大規模な津波が発生し、沿岸地域には過去に類を見ない被害が発生しました。

津波観測施設で測定された津波※

・岩手県宮古市　　　15：26　8.5m 以上（気象庁）
・宮城県石巻市鮎川 15：26　8.6m 以上（気象庁）
・福島県相馬市　　　15：51　9.3m 以上（気象庁）
※遡上高としては宮古市などで40m を超える記録がある。

　また、東京電力福島第一原子力発電所の事故により、福島県を中心に、放射性物質が飛散しました。同日20：50に発令された原発から半径2km 以内の避難指示を皮切りに、屋内待避指示や警戒区域などの設定により、多くの住民が原発周辺地域から避難を余儀

なくされています。

　３月11日以降、多くの余震や誘発されて他の地域でも大きな地震が発生し、日本全国が不安な日々を過ごしていました。

東日本大震災による被害

（全国：令和５年３月９日現在　警察庁調べ）

死者	1万5900人	うち、岩手4675／宮城9544／福島1614
行方不明者	2523人	うち、岩手1110／宮城1213／福島196
全壊住宅	12万2000戸	うち、岩手1万9508／宮城8万3005／福島2万5435

参考

阪神・淡路大震災による被害

（平成18年５月19日　消防庁確定）

死者：6434名、行方不明者：３名、負傷者：４万3792名

2 児童館の被害 （平成25年３月現在）

　児童健全育成推進財団では東日本大震災発生時から現地の児童館関係者、児童館連絡協議会と連絡を取り合いながら、正確な情報収集に努めました。現地との通信手段が途絶え、情報をまとめることは困難を極めました。携帯メールなどを駆使し、ようやく連絡が取れ始めたのは震災の翌日以降でした。

児童館の被災状況

　岩手・宮城・福島県には児童館が 338 館（平成 21 年 10 月時点）
ありましたが、うち 25 館が長期的に使用不能な状態あるいは、津
波などで損壊・流出しました※。

岩手県	地震・津波による全壊	4 館
宮城県	地震・津波による全壊 / 長期使用不可	13 館
福島県	地震、放射能汚染による長期使用不可	8 館

　震災発生時は就学児童がほぼ来館していませんでした。利用中の
乳幼児は保護者と共に帰宅することができました。幼児保育事業の
みを実施する児童館でも何とか避難することができ、子どもたちの
人命に影響することはありませんでした。しかし、学校を休んでい
たため自宅で被災し、あるいは保護者へ引き渡し後に津波により命
を落とした子どももいます。

※関東圏でも被災し、再開までに 9 か月も要した児童館や閉館した施設もあり
ました。

岩手・宮城の児童館

　津波被害が多かった両県では、施設自体が被災し、事業継続が困
難な状態が見られました。しかし、被災した児童館のほとんどが、
半年程度の間に、放課後児童クラブ事業を中心としながらも、仮の
場所で事業を再開しました。

　岩手県 A 児童館は、津波で木造平屋建ての建物は全壊し、床だけ
の状態になりました。職員は隣の保育所の園児と共に避難し、難を
逃れました。小学校、中学校共に別の地域の学校に間借りして再開

A児童館跡

することになり、まず
は放課後児童クラブの
再開が急務となりまし
た。公的施設は避難所
であったり、物資置き
場、公共施設の仮事務
所になっていて使うこ
とができませんでした。民間ビルの３階に空室を見つけ、無償で
借りることができ、再開することができました。間借りで再開した
小学校もスペースに余裕はなく、１〜４年生と５〜６年生では別
の学校となり、学校自体も不安定な状況のなか、放課後だけは安定
的な居場所づくりに尽力されました。平成24年３月に仮設小学
校／中学校が完成し、同敷地内に仮設児童館を建設し、活動が再開
されました。

A仮設児童館

　宮城県Ｂ児童館は、地震・津波で建物が傾き、利用できなくなり
ました。子どもたちが近づけないようにロープを張って掲示し、職
員は放課後児童クラブの再開や事務所確保に奔走していました。片
付けに児童館に行った職員に「先生、どこに行ってたの？ 僕たち
遊ぶところがなくなったよ」と小学生がつぶやいたそうです。敷地

被災したB児童館　　　　新施設

の脇にある歩道で子どもたちが集まって遊んでいたのです。まだが
れきなどが多く散乱していて、遊ぶ場が必要だと感じた職員たちは
出前児童館事業を展開しました。時に軒下、時に公用車の中。さま
ざまな場を遊び場にしていくと、地域住民が場所を融通してくれた
り、手伝ってくれたりし始めたとのことです。子どもの遊びを地域
が支えるようになっていきました。同館は平成25年1月に新施
設を建設し、活動を再開しました。

　宮城県C児童館は、津波により建物が全壊しました。大津波警報
発令後に役場に応援要請を求めました。小学生は学校にいるか、も
しくは下校したところという時間だったため、職員は不安になりま
した。隣接する保育所の子どもたちが避難する状況を見ながら、救
急箱を抱えて約1km離れている小学校まで走っていきました。津

津波が直撃したC児童館

C仮設児童館

波が来たら……と館長は頭をよぎったそうですが、職員を信じて送り出しました。職員は無事に小学校にたどり着き、子どもたちと校舎の上の階へ逃げ、難を逃れました。翌日、水がひいたところで避難しました。館長と他の職員は保育所の子どもたちと中学校に避難し、翌日午後から翌々日にかけてヘリコプターで救出されました。児童館は別の小学校を間借りし放課後児童クラブ事業だけを再開しました。1年間は他の教室と共有、2年目からは専用室として利用することができました。平成25年3月に元の小学校再開に合わせて、仮設児童館を建設し活動を再開することができました。

福島の児童館

　原発事故の影響により、外遊びの制限（遊べる場所の制限、遊具や自然物への接触制限、戸外で遊ぶ時間の制限）が続いている地域もあります。

　多くの施設では除染を行っていますが、除去した土が児童館の庭にそのまま保管されているところも少なくありません。

　福島県D児童館では、芝生を剥ぎ、表土を除去し、通路を洗浄す

るなどして除染をしました。しかしながら、モニタリングポスト[※]の数値は高い状況が続いています。除去した土などは児童館の裏にシートに覆われ、置かれています。他の児童館でも同じような状況があります。

　震災から２年が経過し、子どもたちも保護者もその状態に慣れてしまって、線量を気にしなくなっているという声を多く聞くようになりました。あるいは放射線について口にすることを、特に母親同士の中で避ける傾向もあるようです。その背後には「神経質と思われたくない」という思いがあるようです。

　室内遊びを充実させたいがスペースには限りがあります。児童館は外も含めた遊び環境を想定している施設が多く、利用児童数に見合うだけの広さが確保できていない施設もあります。そのことから、活動が急激に鎮静化し「静かにさせる、おとなしくさせる」ことに職員が終始せざるを得ない状況にある施設もあります。

※モニタリングポストとは、地表１メートルの高さの空間放射線量を常時測定し、測定結果を自動的に送信する機械です。結果は原子力規制委員会のホームページ http://radioactivity.nsr.go.jp/map/ja/ で公表しています。また、表示パネルが付いているので、その場で測定値を見ることができます。

> モニタリングポストの線量を見ると一喜一憂していたのですが、最近は慣れてしまいました。定時に記録して、役場に報告していますが……。
> 　　　　　　　　　　　　　　　　（福島県　児童館長）

　東日本大震災では、物理的に被害を受けた児童館に注目が集まりがちです。しかし、沿岸地域から内陸部への避難や、仮設住宅での生活を余儀なくされている子どもたちも多く、各県ともに広範囲にわたって被災した子どもたちが児童館を利用している状況にあります。

3 見えてきた課題

　東日本大震災の被災地の児童館、放課後児童クラブを巡回して見聞きしたこと、あるいはアンケートなどで寄せられた意見から、災害時の課題についてまとめます。

避難経路が使えなかった

　想定されていた避難経路が、崖や塀が崩れることにより道路が寸断されていた。あるいは浸水（冠水）などによって、進むことができなかったという事例があります。

　また、東日本大震災では津波が発生したため、想定していたルートでは海に向かうことになってしまい、その場の判断で別ルートから避難したケースもありました。

避難場所が使えなかった

　想定していた避難場所（施設など）が倒壊する危険性があったり、多くの市民が避難してきたため入ることができなかったところもありました。避難所となった公共施設では資材／食料などが無く、苦労したところもありました。

情報が来なかった

　不安を掻き立てるものとして「情報がない」ということが挙げられます。停電が長引いたため、防災無線放送などが流れなかった地域もありました。また、携帯電話や固定電話も輻輳（ふくそう）状態でつながりにくくなりました。携帯電話は発信制限も行われたため、さらにつながりにくい状態がつづきました。携帯電話のメール（パケット通信）は制限が少なかったことから、割とつながったという証言が多くありました。その一方で、充電ができない状態のなか、安否確認のために大量のメールが届き、困ったという話もありました。

行政機能がパンクした

　施設を所管する部署も、職員が避難所運営に優先的に関わる傾向がありました。そのため、児童館や放課後児童クラブ事業に関しての取り決めがないと、相談や決断に時間がかかり、再開までに苦労したという事例がありました。

学校との引き渡しに関する協定（協議）がなかった

　東日本大震災は下校前後の時間だったため、児童・生徒の引き渡しについて混乱したとの声が多くありました。学校もその準備がなかったため、すべての子どもを下校させてしまい、停電のなか、余震におびえながら児童館に駆け込んでくる子どもがいたという事例

もありました。

　また、児童館や放課後児童クラブの職員には引き渡せない（保護者ではないため）として、子どもたちが長時間にわたって学校にとどまざるを得ない状況もありました。

保護者が迎えに来られなかった

　道路や線路の寸断により、保護者が迎えに来られない状況がありました。また、通信手段が途絶え、どこに子どもたちが避難しているかわからない状況もありました。

　首都圏でも帰宅困難者が発生し、子どもの迎えに来ることができない状況がありました。東京都内や近郊でも震災の翌日まで子どもたちを預かった施設があります。

保護者との引き渡しルールがなかった

　地域の方や近所にお住まいの方が、施設に子どもを迎えに来た事例がありましたが、保護者の確認がとれず、引き渡すことができませんでした。

備蓄がなかった

　児童館は避難所指定されていることが少なく、防災用品、非常食などの備蓄がないことがありました。放課後児童クラブを併設して

いたため、おやつがあり、被災された地域住民と分け合って、空腹をしのいだという事例もありました。

職員が近づけなかった

街全体が壊滅的な被害に遭い、施設を離れていた職員が職場に戻ることができず、応援できなかったところがありました。

連絡手段が少なかった

災害時優先電話（発信時に優先となる）が導入されている施設は少なく、固定電話回線や職員の携帯電話頼りになりました。インターネットを利用できる児童館も少なく、情報の受発信が思うようにできなかったところがありました。

指定されていなくても避難所となった

避難所指定されていないにも関わらず、身近な公共施設である児童館に避難した方が多くいました。また、学校の体育館などに一旦避難したものの、人が多く、乳幼児には耐えられないと、児童館に身を寄せた方もいました。行ったことがある公共施設は安心感があるのかもしれません。

児童館機能が止まった

　建物が被災し、事業がすべてストップしてしまった施設が多くあります。児童館の本来事業のなかから、放課後児童クラブ事業のみを再開する施設が多くありました。復旧活動のなかでは優先度の高い活動だと言えます。しかし、子育て支援事業や中高生利用などが制限される結果になったところもありました。

　次に、職員の置かれた状況についてもまとめます。

職員に葛藤が生じた

　自身も家族があり、子育て中の職員も多くいます。施設で目の前の子どもたちを守りながら、家族の状況がわからない不安を押し殺して役目を果たした方もいました。

　また、多くの職員の自宅が被災し、仮設住宅から施設へ勤務する方もいました。自身の生活再建と利用者の支援が重なり、複雑な気持ちになる方もいました。

過剰な支援に困惑した

　時間が経つにつれて、大量の支援物資や華やかなイベントなどにより、子どもたちに「支援慣れ」の状況が見えてきた時期がありました。「何くれるの？」「そんなのいらない」と支援者に言うような

場面もありました。ありがたいことと思いながらも過剰な支援が子どもたちの育ちに悪影響を与えるのではないか、また「支援する人」優位な態度によって、受け手の職員や子どもが傷つくこともありました。

時間がたってもストレスが続く

　保護者が抱えているストレスが、子どもたちの二次的なストレスとなることがあります。子どもたちも十分我慢しているのですが、うまくそれを伝えることができず、精神的に不安定になることがあります。

　地域住民や自治体担当者などもストレスを抱えた状況下で、ストレスフルな環境に職員が疲弊してしまうことがあります。また、子どもに不安を与えないようにと気を遣いすぎるあまりに、心身の不調を訴える職員もいました。

　これらのことは、過去の新潟中越地震や能登半島沖地震でも指摘されてきましたが、解消されていない課題も含まれているようです。各施設だけではなく、地域や学校、自治体と共に検討を行ったり、備えておく必要があります。

05

災害時の対応

分類	時間経過
救命救急期	発　生〜72時間
応急対応期	3日後〜3か月
復　旧　期	3か月〜1年
自立復興期	6か月〜数年

救命救急期 発生〜72時間

内容 人命優先・救出・救助

①子どもたちの緊急避難・保護
②安否確認、応急手当
③施設設備の被害状況点検
④広域避難場所、指定避難所への誘導
⑤保護者・学校・行政・関係機関への連絡
⑥災害関連情報の収集・提供
⑦水・食糧などの配給、炊き出し
⑧子どもの引き渡し
⑨被災職員の出勤体制の確認・指示

緊急地震速報のアラームが鳴ってから揺れるまで数秒間、揺れが始まってから30秒ぐらいの間の行動が生死を分けるともいわれます。冷静な判断と行動を心がけるよう、日ごろから意識しましょう。

1 子どもたちの緊急避難・保護

地震が発生した場合には、身体を守るように子どもたちに声をかけ、安全な場所や机の下などに逃げるよう指示します。

幼児がいる場合は、保護者にも冷静な対応を呼びかけ、わが子の安全確保につとめてもらいましょう。あるいは、安全な場所に職員が移動し、集まるように呼びかけましょう。

避難経路を確保するために、ドアはあけましょう。可能であればガラスの飛散を防止するためにカーテンを閉めましょう。

恐怖から外へ飛び出そうとする子どもは止めましょう。落下物でけがをする恐れがあります。

外にいる場合は、遊具などから子どもをおろし、建物や塀など
から急いで離れさせ、子どもたちを1か所に集めます。地割れ
や隆起が行った場合は、水道管・ガス管に影響が出ることがあり
ますので、絶対に近づかないようにしましょう。ガスのにおいが
した場合は、火気に注意し、避難します。

　職員は同時に自分の身を守るようにします。支援者である職員
が被害を受けてしまっては、子どもたちを守ることができません。

------(同時に火災が発生した場合)------

　余震により避難経路が閉ざされる可能性があるので、初期
消火よりも避難を優先しましょう。煙を吸い込むと意識を失
うことがあります。ぬれたハンカチやタオルなどを口に当て
て、低い姿勢で逃げるよう声をかけます。

② 安否確認、応急手当

　けがをしている子どもがいないか確認します。同時に何人の子
どもがいるかを数えます。自由来館が主の児童館の場合は、正確
な人数を把握する努力をしましょう。

　けがをしている子どもがいる場合は、応急手当を行います。心
肺停止状態の場合はいち早く心肺蘇生を行います。またAEDを
使用する可能性もあります。

　もしも什器などの下敷きになった場合は、職員で救出活動を行
います。体力的に厳しい場合は救助を呼びましょう。職員自身が
下敷きになった場合は、呼吸を自身で整える努力をし、呼吸しや
すいように空間をつくります。むやみに大きな声を出したり、身
体を動かしたりすると、身体を傷つけることがあります。ホイッ
スルを鳴らしたり、ものをたたくなどして、自分の存在を伝えます。

③ 施設設備の被害状況点検

　暖房器具や調理器具など火器はすべて止めます。都市ガスの場合は地震の揺れを感知し、元栓が閉まるシステムを採用している場合がありますので、揺れている間には火を消そうとしないで良いとされています。誤って火傷をしてしまう場合があります。

　施設の被害状況を確認します。建物のゆがみ、壁の崩落などが起こった場合は、速やかに避難を決断しましょう。

　また、近隣の様子、火事や津波の危険性を総合的に判断し、館外避難、屋外への避難、館内への待機などを瞬時に判断する必要があります。

④ 広域避難場所、指定避難所への誘導

　避難経路は複数検討しておきましょう。安全かつ効率的に避難できるよう、訓練時に検討しておくことが必要です。子どもたちの服装（特に足元）を確認し、二次被害を受けないように注意します。避難の際には地域住民に声をかけて、手伝ってもらうようにしましょう。

　津波が想定されている地域では、警報が出なくても揺れが収まり次第、すぐに高台に避難しましょう。近くの避難先をあらかじめ検討しておく必要があります。近隣のビルやマンションと協定を結ぶ施設もあります。一度避難したら戻ってはいけません。津波の危険性が無いと判断されるまでは待機します。

　余震が続く場合は、避難経路上での危険予測・回避行動をとります。

　避難した後も情報を集め、必要な場合はあらかじめ設定した二次、三次避難所への避難を決断します。

―――（ **暴風雨により水害が発生することが想定された場合** ）―――

　避難経路を十分に検討します。冠水し始めている場合は、無理に避難せず、とにかく高い場所へ上がりましょう。冠水した中を避難するのは子どもたちの脚力では危険です。

⑤ 保護者・学校・行政・関係機関への連絡・掲示

　あらかじめ定める緊急連絡方法にそって連絡します。連絡手段が絶たれている場合は、館に掲示をして避難します。

⑥ 災害関連情報の収集・提供

　施設内に待機する場合も避難する場合も、関連の情報を収集しましょう。停電している場合は、乾電池式ラジオが有用です。

⑦ 水・食糧などの配給、炊き出し、生活環境設定

　待機が長期化することが想定される場合は、備蓄品から子どもたちに水や食糧を提供しましょう。

⑧ 子どもの引き渡し

　事前に、自治体所管課、学校、保護者などを交えてルールを検討しておくことが大切です。それに則り適切な対応をしましょう。

　利用システムや自治体の設定した引き渡し方法を基本とします。以下のポイントは参考にしてください。

● 自由来館型児童館では登録カード、児童票など、利用児童の引き渡しについて記載できるフォーマットを導入する。

● 放課後児童クラブ登録児童の場合、登録時の児童票などに引き渡し優先順位を記載してもらう。

● 引き渡しチェック表 (名簿) の作成、あるいは児童票などに引き渡しチェック欄を設ける。

● 引き取り者 (保護者や保護者が指定する人) の身分を確認する。名前を名乗ってもらう、あるいは身分証を出してもらう。ただし、緊急時なので相手も焦っています。不必要なトラブルを起こさないよう配慮を行う。

● 引き取り者、引き渡し者 (職員) 両方のサインと時間を記録する。

● 津波などの危険が迫る場合は、引き渡さない判断もある。

⑨　被災職員の出勤体制の確認・指示

　自治体や運営法人の定める災害時の出勤体制に基づいて行動します。

　開館時間外や施設外で被災した場合も想定し、参集するのか、待機するのか、あるいは市役所や他の施設に向かうのかなどを事前に検討しておきます。

地震発生（震度５弱以上）

Ⓐ 子どもたちが施設にいる場合

　震度５弱以上の地震が発生した場合、建物被害や交通への影響が懸念されるため、子どもたちは施設に滞在してもらいます。建物被害があった場合は、指定されている避難所へ子どもたちを誘導します。

　通信が途絶える可能性が高いため、施設からの連絡ができない場合があります。保護者には震度５弱以上の場合は、施設へ迎えにきてもらうよう、事前に伝えるようにします。自由来館が主の児童館の場合、学校を通じてすべての児童に対しての事前周知が望ましいでしょう。

　可能であれば、災害用伝言ダイヤル＊（171）、災害用掲示板（web171、各携帯電話会社）、twitter、ホームページ、メールなどによる情報提供を行います。また、避難所へ誘導する場合は、施設の入り口に避難先・連絡先を掲示します。

　事業はすべて中止し、子どもたちの安全を確保することに努めます。また、保護者あるいは定められた代理人への引き渡し業務を行います。ただし、引き渡すことが危険と判断した場合は、保護者あるいは代理人の方も施設に滞在してもらうことがあります。

　引き渡しまでに時間を要することが想定される場合は、補食の確保、仮眠・静養のための環境設営を行います。

05

災害時の対応

※災害時に開設される固定電話を利用した伝言システム。電話番号171に電話し、児童館などの電話番号をキーにしてメッセージを登録し、被災地内外の関係者が電話番号171に電話し、被災地の児童館などの電話番号を入力して、録音されたメッセージを再生するもの。年に数回体験する期間がある。

Ⓑ 子どもたちが来所していない場合

　施設内外の被害状況を確認します。学校・自宅・施設の途上の場合、子どもたちが自主的な判断をして、施設へ来所することが想定されます。その場合は、上記 A に基づいて対応します。

　下校時間と地震の発生時間が近い場合は、職員は近隣（学校までの通学路）を巡回することがあります。ただし、職員に危険が及ぶことが想定される場合は、巡回はしません。巡回し、子どもたちが戸惑っている場合や被害を受けた場合は、施設あるいは学校へ連れていく場合があります。

地震は長く揺れたので怖かったです。日頃から地域との関係が強かったこともあり、揺れが収まったらすぐに地域の方々が児童館に走りこんできてくれて「大丈夫か？」と声をかけてくれた時、ほっとしました。　　　　（仙台市　児童厚生員）

応急対応期 3日後〜3か月

内容 ライフライン、インフラの復旧／生活復旧対応／
避難生活への支援

①再開時期の確認
②施設が利用できない場合は、場の確保
③再開支援を呼びかける
④子どもの生活支援、遊び支援

1 再開時期の確認

　利用者ニーズ、行政の方針、設備の確認、職員体制などを総合的に判断して、再開時期を検討します。児童福祉施設としての役割を認識し、安易に閉じることのないように適切に判断します。施設が被災した場合は、余震、二次災害などを想定し、安全を確認しましょう。

　施設（建物）が損壊した場合は、復旧事業の補助が国により検討されます。災害規模、補助要綱により異なる場合がありますので、各自治体担当者を通じて、情報収集を心がけてください。

　その際の一般的な留意事項としては、

◉被災状況が分かる写真を多数撮っておく必要がある。

◉復旧工事が行われる際の災害復旧費は原状回復が原則となる。

◉この災害でどの部分がどれだけ被害を受けたか、被害の状況が分からないと補助の範囲が分からず、施設に不利に働くことがある。

◉壁の亀裂や津波の浸水（メジャーを当てての撮影など）、埋設されている給油管の破損（破損部分が確認できるものはその現状、確認できない場合は通気試験等のデータなど）など、自治体と十分協議の上、詳細に写真などで記録すること。

② 施設が利用できない場合は、場の確保

　機能を再開できる場の確保に努めます。長く利用できることが望ましいですが、利用者ニーズから早急な再開が必要な場合は、臨時的な場所でも致し方ないでしょう。また、災害発生前から再開場所を検討しておくことも必要です。

③ 再開支援を呼びかける

　同じ自治体内（市区町村・都道府県）の施設と連絡を取るようにしましょう。また、児童館連絡協議会や児童健全育成推進財団に連絡をすることにより、支援の輪が広がることがあります。

④ 子どもの生活支援、遊び支援

　自治体間で姉妹都市や連携協定を結んでいることから、各地からの応援職員が来る場合があります。施設に直接派遣されることは少ないかもしれませんが、もし出勤できない職員が多い場合は、応援職員派遣を依頼する交渉をしてみましょう。

◆　被災した子どもたちには行動面での変化がみられることがあります。たとえば、幼児退行（赤ちゃん返り）。夜泣きをしたり、親にまとわりついたり、おもらしをしてしまったり、という行動がみられます。
　顕著にみられる行動としては、災害を模倣する遊びです。東日本大震災後にも、地震ごっこ、津波ごっこ、緊急地震速報ごっこ、葬式ごっこなどがありました。これらの遊びは一見すると不謹慎なものなので、大人は止めようとしますが、子どもたちの心の安定をはかっていくた

めの重要な反応ですので、無理に止めることが無いように、子どもたちに寄り添ってあげましょう。ただし、遊びの様子がおかしい（表情の無さ、遊びの変化の乏しさなど）場合は、違う遊びに誘うなどの配慮が必要です。

　また、落ち着きがなくなったり、精神的に不安定・ひきこもる・笑顔が出ない、などの強度の反応を示す場合があります。災害後に医師などによる「心のケアチーム」が都道府県で設置されますので、早期に紹介し、専門家による支援を受けることが大切です。

　社会福祉協議会などが協働して災害ボランティアセンターが各地に設置されていきます。東日本大震災では東北3県（岩手・宮城・福島）で 101 のセンターが設置され、被災者への支援活動を展開しました。施設の片付けなどで人手が多く必要になる場合にはボランティアセンターにボランティアを依頼することも可能です。また、子どもの支援を行いたいボランティアが各地から集まってくる場合があり、ボランティアセンターから受け入れを要請されることがあります。施設や子どもたちの状況に合わせて、ボランティアを受け入れることを見極めましょう。

ボランティアの人たちがどんどんやって来て、とても嬉しかった。でも、震災後の初めての夏休み頃から、ボランティアさんがやりたいことが児童館と合わないことがあったり、人数集めを求められたりすることがあり、困りました。児童館が状況をしっかり伝えて、コーディネートしないといけないと感じました。

（宮城県　児童厚生員）

復旧期　3か月〜1年

内容 避難所や仮設住宅、在宅生活への広範な支援

①移動児童館
②親が安心できる安定かつ柔軟な運営
③ボランティアコーディネート
④居場所感を高める
⑤安全、健康、衛生指導
⑥地域の復旧状況の把握
⑦子ども・親のニーズ把握
⑧相談、援助を要するケースをつなぐ

① 移動児童館

　　災害後は子どもたちの遊び環境が大きく変化します。仮設住宅は元の生活の場から離れたところに建設されることもあります。また学校のグラウンドや公園などに建設されることが多いため、遊び場が激減します。児童館の専門性をアウトリーチするために、移動児童館（出前児童館、あおぞら児童館）の実施を検討します。すべてを自分たちでやろうとせず、他の児童館と連携することも重要です。

② 親が安心できる安定かつ柔軟な運営

　　生活の変化は親にもストレスを与えます。通常活動時よりも保護者とのコミュニケーション量を増やすようにしましょう。そのことが子どもたちの安定にもつながります。

③ ボランティアコーディネート

　多くのボランティアや物資支援などが相次ぎます。施設や子どもたちのニーズに合わないものは、お断りしましょう。直接交渉することが困難な場合は、災害ボランティアセンターを経由してもらうようにお願いするのも解決策の一つです。一度、ボランティアセンターを訪ねてみましょう。

④ 居場所感を高める

　復旧期で重要なことは、「普通に戻す」「元に戻す」ということを職員間でイメージの共有をすることが重要です。子どもたちの生活状況の変化や職員の変化を鑑みて、指導、教育的な態度よりも受容、共感の度合いを高めるなど、雰囲気づくりに心がけましょう。

⑤ 安全、健康、衛生指導

　がれきの撤去が進むことにより、ホコリっぽくなります。また子どもたちの不安から好奇心に変わり、がれきなどに近づく場合があります。危険回避のために、安全指導を行いましょう。水害、津波の場合は病原性のものが流れ着いている場合がありますので、さらなる配慮をしましょう。

　また、環境の悪化や避難所での集団生活により、インフルエンザなどの感染症が広がる恐れもありますので注意しましょう。

⑥ 地域の復旧状況の把握

　学校、保育所、商店など地域の復旧状況を把握することにより、子どもたちの生活や遊び環境の変化をとらえます。

　また、その情報提供を行いましょう。

⑦ 子ども・親のニーズ把握

　避難が長期化することにより、親の仕事が変化したり、退職を余儀なくされるケースがあります。また、子どもたちの中に「直接被災した子」「間接的に被災した子」が分かれることがあります。施設の特性を生かし、すべての子どもたちを受け止めることが必要です。

⑧ 相談、援助を要するケースをつなぐ

　急激な生活困窮や心のケアを要するケースが出てくる場合があります。「心のケアチーム」やスクールカウンセラー（スクールソーシャルワーカー）などの学校関係者、自治体の被災者生活支援の担当との連携により、適切な対応を早期に行います。様子を見るよりも、早めの相談が効果的です。

自立復興期 6か月～数年

内容 被災者自立のための支援

①保護者の生活の変化に注目する
②学校の様子の確認
③まちづくりへのアプローチ
④子どもの変化に注目する（PTSD など）

① 保護者の生活の変化に注目する

避難が長期化することにより、転職を検討したり、転居する場合があります。検討する様子が子どもに伝わり、精神的に不安定になる子どもがいます。

② 学校の様子の確認

間借りや仮設での学校再開を果たしている場合は、ストレスも多く、放課後などの活動にも影響を及ぼすことがあります。定期的に学校を訪問するなど、情報交換に努めましょう。教職員も支援者です。支援者相互の支えあいにもなります。

③ まちづくりへのアプローチ

被災地だからできることがあります。子どもの笑顔は大人の笑顔・元気につながります。無理のない範囲で、復興イベントなどに参加することも検討してみましょう。

過去の災害時も、子どもたちが仮設住宅を訪問し、お年寄りの方を励ますイベントを開催するなどの事例がありました。

④ 子どもの変化に注目する（PTSD*など）

　余震だけではなく、何かのきっかけで災害を思い出し、落ち着かなかったり、パニックになることがあります。数か月は何もなかったのに、突然行動を示すことがあります。心のケアチームが解散している場合は、保健所などにケースをつなぎます。

　児童館、放課後児童クラブは心のケアの専門施設ではありませんので、災害時の話を無理に引き出すことや絵画や音楽によるセラピー的なプログラムを行うことは熟考しましょう。必要があれば専門家との連携により、実施するという程度にしましょう。通常の遊びの活動を実施していくことも子どもたちの気持ちを安定させることができると思います。

> 子どもだけではなくて、私たち職員もフラッシュバックするときがあるんですよね。支援者のケアも考えなくてはいけないと思います。　　　　　　　　　　　　（宮城県　児童館長）

※ PTSD（Post Traumatic Stress Disorder）とは、心的外傷後ストレス障害のこと。強いトラウマ体験が、後にストレス源となり、さまざまな症状を発生させる。

06

災害に備える

ハード面

① 建物の耐震性を確認する

　児童館、放課後児童クラブに係る施設整備費への国庫補助金があります。このなかで大規模修繕については、耐震補強やアスベスト処理工事など、利用児童の安全確保や健康被害の予防に資する整備が優先的に採択されています。

　耐震診断に関する補助を行っている自治体もありますので、有効に活用し、早急に耐震化を図る必要があります。

② ハザードマップの確認を行う

　津波・洪水・土砂災害・噴火などを想定して各自治体でハザードマップ（浸水・被害予測地図）を制作しています。合わせて、防災拠点、緊急時の水源などを記載した防災マップにしているところもあります。必ず一度は見るようにします。

　施設が災害時にどのような被害を受けるかを確認することで、備えるべき事柄が大きく変わります。

　ただし、ハザードマップは一つのシナリオであって、それがすべてではないということも認識しておきます。東日本大震災後に「想定外」という言葉を何度も耳にしました。ハザードマップも想定の範囲でしかありません。

③ 室内

　大型備品・什器（ピアノ、ロッカー、書棚、靴箱、コピー機など）の壁面固定、転倒防止器具の設置を行います。重量のある積荷はやめましょう。

　ガラス飛散防止のために、ワイヤー入りなどの特殊なガラスに交換する、飛散防止フィルムを貼るなどの対策をとります。合わせて、窓のそばに物をおかないようにしましょう。物が動いてガラスが割

れる可能性があったり、そこからの避難が困難になる場合もあります。

地震時に図書が飛ぶという話を聞きました。ひもを張るなどして、落下防止します。

照明器具が落下する恐れがありますので、飛散防止加工や落下防止のための固定をします。

避難経路を確保するため、荷物や什器の位置を定期的に確認する必要があります。

④ 室外

空調の室外機、プロパンガスボンベなどの固定をすすめます。

ブロック塀は年数がたつと、亀裂や傾きが出ることがあります。適切な処置をします。

看板や庇（ひさし）が落下することがあります。定期的な検査をします。屋外の固定遊具の定期点検の際に基礎部分も確認します。専門業者による点検も定期的に行います。固定されていないバスケットゴールなどは安全性を確認し、倒れないようにします。

⑤ 備品リスト

備えておきたい備品をリストアップしました。

避難所指定されている児童館は自治体指定物資の内容を確認しましょう。一般的な避難所、福祉避難所、子ども・子育て家庭が多く利用されることが想定される避難所、それぞれによって備えるべきものは異なります。

一般的には３日間滞在できる備蓄が必要とされていますが、施設の立地条件や収納に合わせて、加減する必要があります。施設に普段から備えてあるものも十分に活用できます。すべてを備えることは難しいかもしれませんので、今あるものを活かす工夫も必要で

す。
　また津波や水害の危険性がある地域では、施設だけではなく、避難先や他施設（保育所など）と手分けするなど連携して備蓄を進めることが必要です。

[備品リスト案] （順不同）

備品名	数量など	チェック
水（ペットボトルなど）	1日・1人あたり2〜3リットル。利用者の年齢や、備蓄できるスペースで加減。ミネラルウォーターより保存用水が長期間保存できます。	
ポリタンク・バケツ	給水車から水を運びます。	
スポーツ飲料（粉末）	水分摂取率を高めます。	
米・アルファ米などの食糧、お菓子類	最初の救援物資が届くのは遅くて3日目といわれています。基本的には利用者の各家庭での備えが大切ですが、少なくとも一晩は子どもたちを預かるために、2食分ぐらいを目安にしましょう。乾パンは子どもたちに向いていません。ゼリー飲料なども便利です。	
アレルゲン除去食	アレルゲンは多様なため、備蓄には向きません。代表的なアレルゲン除去が施されたレトルトパック（カレーなど）があると安心です。	
防災ずきん	日常では座布団として利用できます。	
毛布（エマージェンシー・シート）	毛布は保管に苦労するので、薄くて軽いエマージェンシー・シートがあると安心です。	

ヘルメット	職員用。折りたためるものもあります。	
拡声器・メガホン	避難誘導などに使用します。	
ビニールシート・ブルーシート	水や汚れを防ぐなど、あれば何かと使えます。	
ラジオ	充電、電池式。携帯電話（スマートフォン）のラジオ機能・アプリも確認しておくとよいでしょう。	
ティッシュペーパー（ボックス）／トイレットペーパー	通常時の在庫を切らさないようにしておきましょう。	
アルコール消毒液	水が使えない場合に使えます。アルコールランプとしての活用もできます。	
ウェットティッシュ	ノンアルコールならば体を拭くことにも使えます。	
乳幼児対応物資	紙おむつ、粉ミルク、離乳食。自治体の防災倉庫に備蓄がある場合があります。	
卓上コンロ・ボンベ	火（熱源）の確保。	
おんぶひも	乳幼児の避難の際に使います。	
筆記用具・メモ	油性マジックや防水ノート（耐水用紙）。	
ホイッスル	薄型、小型のもの。緊急用は人に聞こえやすい周波数を出すものもあります。	
ファーストエイドキット	P42参照	
現金（1000円札、10円、100円）	自動販売機、公衆電話など、緊急時の小口現金です。	
懐中電灯（非常灯）	各部屋に非常灯が備えられていない場合、懐中電灯を備えておくだけでも、夜間の対応に役立ちます。	

ヘッドランプ	両手があくので便利です。	
乾電池	各タイプを準備します。	
地図	複数の避難経路と避難先、防災資源を記録しておきます。	
簡易トイレ	用を足した後で固形化するものもあります。	
ゴミ袋（黒色など）	防寒や合羽代わりにもなります。また汚物処理などの際には黒色のものがあるよいでしょう。	
生理用品 （ナプキンなど）	利用者も職員も女性が多いので必要です。	
タオル / バスタオル	さまざまな用途があります。	
児童登録名簿・ 来館者名簿	緊急連絡先だけを一覧にしておくことも有用です。	
着替え（共有）	ジャージなどを数枚置いておきます。 （子ども用・大人用）	
目印・サイン	施設の旗などがあると避難先で役立ちます。	
携帯電話	充電器の予備があるとよいでしょう。	
ジャッキ／バール／ ドライバーなど	避難、救出時に使用します。	
携帯充電器、 予備バッテリー	手回し発電器で通話ができるまで充電するには相当の時間がかかります。メール送信程度を目安にします。	
自転車	パンクレスタイヤの自転車が安心です。	

● 上記などから、避難を要する際の一次持ち出し袋を設定しましょう。
　リュックサックに入る程度を確認します。複数の職員で分担することも想定します。
● 1年に2回は備蓄を確認しましょう。

07

災害に備える

ソフト面

1 マニュアル

防災計画（マニュアル）に明記したい項目を示します。

① 防災・減災に関する館としての基本方針

自由来館を主とする児童館と放課後児童クラブでは異なります。施設の状況に合わせた方針を立てる必要があります。

② 災害の想定

災害の種類、発生時間帯、規模を想定します。地震、火災、噴火、津波、水害、土砂災害などがありますが、まずは緊急対応が要する地震を中心に検討するのもいいでしょう。

③ 警報、警戒宣言などが発令された場合の対応

臨時休館の措置についてどのように判断するか。

保護者への連絡をどうするか。たとえば、災害用伝言ダイヤル、メール、twitter※、ホームページ、電話などの複数手段を組み合わせます。

※災害時に備えて、自治体単位で児童館の twitter アカウントを取得するところが増えています。通常時はイベントの告知などに利用し、災害時は情報を配信します。

伝達する内容についても検討しておくと良いでしょう。必要な情報（安否、被災状況、現況）は正確に行います。

自治体との連絡手段については災害時優先電話、専用回線、アナログ電話回線、近隣の公衆電話を活用することも検討します。

④ 災害が起きた場合の対応

　第5章（P63）を参考にして、発生時の対応について記載します。

＊安否確認　＊負傷者救護　＊安全点検　＊二次災害の予防
＊引き渡し　＊避難経路・誘導　＊避難時の責任体制（鍵、個人情報の所在、通報など）　＊避難場所

　合わせて下記について検討します。
- 開所時間内の場合：活動中のシチュエーションごとの想定（乳幼児中心、小学生、中高生）
- 勤務時間外の場合：出勤に関する取り決め、保護者との連絡、職員間の連絡体制

⑤ 防災組織

　現在備えられている消防計画を活かしましょう。（指揮系統、役割分担、代替要員）

⑥ 防災訓練・避難訓練

　併設施設、地域住民（自治会、青年会、商店街など）、ボランティア（母親クラブなど）との合同訓練も考慮します。
　避難訓練に関しては、火事の発生や不審者侵入のみでなく、地震（津波）、風水害に関するものも設定します。

 Voice

> 行き帰りの途上にいる場合の避難訓練も検討しないと、と思いました。
> 　　　　　　　　　　　　　　　　　　　　（岩手県　児童厚生員）

07

災害に備える（ソフト面）

　児童館等が避難所指定されるところがあります。それ以外は基本的に指定避難所が優先的に利用されますが、過去の災害からみても公共施設として地域住民の生命を守るために、施設を提供すべき場合があります。自治体と事前に協議しておくことが必要です。

ポイント

●**避難してくる地域住民への説明**

　子どもたちの安全を優先し、状況に応じて一時避難所や広域避難所などへ移動していただきます。

●**施設提供**

　災害対策本部へ連絡し、物資の供給や救助の依頼をします。

　事業実施（再開）に向けて、必要なスペースを確保します。流動的な対応を心がけます。

　火気の禁止、衛生状態、物資の保管など運営上の配慮を行います。

　避難者名簿を作成し、出入りをチェックします。

●**事業を並行して実施する場合**

　個人情報、貴重品などを施錠し、保管します。

　保護者・子どもへの説明を行います。

　避難者に対して事業実施時についての配慮事項を説明します。

　職員の役割分担をします。

●**夜間休日対応**

　災害対策本部に指示を仰ぎ、応援要請を行います。

　防災計画・マニュアルの概要を1枚程度にまとめて、保護者、地域住民、学校などに配布しておくことで災害時の対応がスムーズになります。

2 BCP（事業継続計画）

　BCPとは「Business Continuity Plan」の略です。災害時でも施設が事業を中断せず、あるいは中断してもできる限り短期間で再開させるための「事業継続計画」です。従来から備えられたマニュアルは災害発生時の初期対応を想定しており、「その後」について触れているところが少ないようです。全国的にもBCPを備えた施設はほとんどありません。東日本大震災の教訓から、BCPづくりも視野にいれましょう。参考資料（P123～P143）にひな形が記載されています。

① まずは、今を評価してみる

現状を評価するための質問	チェック
緊急時のマニュアルは規定されている。	
定期的に上記の実地訓練を行っている。	
緊急時の連絡リストを完備している。	
何日以上事業が停止すると利用者に深刻な影響が出るか検討している。	
施設の存続に不可欠な事業・業務を書き出している。	
これらの事業・業務が停止した時の代替手段を検討している。	
業務に不可欠な職員が不在になった時の交代要員（ボランティア含む）がいる。	
重要なすべてのデータ（デジタル、紙）をバックアップしている。	
施設が被災した場合の別の活動拠点を検討している。	

② **事業継続に必要な業務を精査し、優先順位を整理する**

　実施している業務を書き出します。それぞれの業務について災害発生時の対応を検討します。その際に優先順位を設定します。

　優先順位を設定する際の指標は、影響・損害について検討するとよいでしょう。たとえば、それぞれの事業が1日、3日、1週間というような単位で止まった場合、利用者（子ども・家庭）にとってどのくらいの影響・損害があるかを考えることによって、優先順位が決まります。

③ **建物などの状況、職員体制（被災により職員が減る可能性がある）に合わせて、実施レベルを想定する**

　職員が欠けると実施が困難になる事業や、館内の部屋が使用できなければ実施できない事業も想定します。

④ **代替ツールを検討する**

　通信手段として、電話がダメならメール、メールがダメならtwitterで、というように複数のツールを検討しましょう。

　建物が使えないようであれば、どこで再開するのか検討します。

> **検討例：幼児クラブ**
>
> 　優先順位としてはそれほど高くはない。
>
> 　ただし、避難所生活が継続した場合には、幼児への負担は大きく、ひいては保護者のストレスの増大にもつながる。発災から1週間程度で再開する必要がある。ただし、職員が1名欠けた場合はブログ

ラム実施が困難となるため、幼児専用室を確保し、自由来館対応とする。

　職員が２名欠けた場合は、小学生の利用対応に注力する必要があるため、乳幼児の利用は制限する。ただし、職員あるいはボランティアの確保が可能になった際には、自由来館対応に切り替える。

　諸室が使用できない場合は、避難所にて定期・不定期に移動児童館などを実施することを検討する。

⑤　まとめる

　防災マニュアル、災害時対応マニュアルに加えていく方式がよいでしょう。初動のみならず１週間から１か月程度の対応も記載します。

＊体制（体制図、役割分担など）

＊職員確保（出勤基準、緊急連絡）

＊ボランティアの受け入れ

＊災害後の事業実施基準（職員出勤数に合わせた事業規模、内容）

＊時系列での対応・役割分担

＊初動（初期対応）

＊備え（備蓄、ライフラインの確保など）

 BCPはもともと企業が自然災害だけではなくテロ攻撃や新型インフルエンザなどの緊急事態に遭遇した場合に、損害を最小限にとどめ、事業を速やかに再開したり、継続したりするために取り決めておく計画です。現在、多様なリスクが存在していますが、ここでは自然災害をイメージしています。

3 現在ある防災計画・マニュアルを見直す

　一度立てた計画・マニュアルは定期的に見直す必要があります。自治体での災害想定の見直し、周囲の変化、防災訓練実施後の振り返りなどを機会にして、見直しをおこないましょう。

① 立地条件・地域の気象条件を考慮しているか

　共通マニュアルでは対応できないことがあるので、各施設の状況に合わせたものにすることが必要です。

② 実際の行動に結びつく内容になっているか

　職員体制など実態に合っているか確認し、それぞれの具体的な行動をイメージできるマニュアルとします。

③ 漏れている事項はないか

　通常時だけでなく、行事時、外出時、休業日など複数の想定を行います。

④ 更新について記載があるか

　見直し機会を明記しておくことにより、実効的なものにつなげることができます。

⑤ 学校、自治体、近隣住民、保護者との連携があるか

　大規模災害時は施設独自では対応できません。多様な関係者との協議の場が求められます。

学校との連携のポイント
●大規模災害時だけではなく、警報時の対応など日常的な連携内容について確認する。
●学校の方針を知る（学校防災マニュアル・計画と施設の計画のすりあわせ）。
●学校と施設がそれぞれ保護者に対して配布している防災関係の資料を共有する。
●保護者への引き渡しフローを作成する。

4 防災教育・安全指導

　子どもたちの危険回避能力を高めることを目的にした防災教育や安全指導を実施することができます。

〈〈〈 避難訓練・防災訓練 〉〉〉

　児童福祉施設の設備及び運営に関する基準（厚生労働省令）第6条では、「避難及び消火に対する訓練は、少なくとも毎月一回は、これを行わなければならない。」とされています。年間計画を立て、計画的に実施することが望ましい方法です。想定する災害、発生時間、内容、担当を定めて、さまざまなシミュレーションをします。
　ふざける子どももいますので「イザ！カエルキャラバン！」（巻末参考）のような防災ゲーム、絵本、DVD、紙芝居を組み合わせるなど、方法、内容を工夫することも必要です。

〈〈〈 通常行事の中に防災を 〉〉〉

　防災センターへ行く遠足や、防災キャンプと題して施設に泊まる、食育プログラムに「サバメシ（サバイバル・飯たき）」をつくるなど、通常の活動の中に防災の要素を盛り込みます。

〈〈〈 防災ワークショップ 〉〉〉

　応急手当を学んだり、避難所運営ゲーム（HUG）、クロスロード※などの防災に関するゲーム、「防災ダック」「防災カルタ」などの教材を使った体感型ワーク、「小学生のぼうさい探検隊マップコンクール」への応募、街にある災害ベンダー（自動販売機）、AEDさがしなどを盛り込み、体験型で学んでもらうこともできるでしょう。また、親子で参加できる防災セミナーも期待されています。

※クロスロードとは、分かれ道のことで、そこから転じて重要な決断のしどころを意味します。災害時に起こりうるジレンマを題材にYes／Noを決断・判断し、意見を交わす集団ゲームです。例えば「人数分確保できていない食料を、すぐに配布するか」「家族同然の犬を避難所に連れてくる人を認めるか」などがジレンマとして挙げられます。

　震災前に避難所運営ゲーム（HUG）を児童館で実施していたので、職員はもちろんのこと、子どもたちも児童館が避難所化したときのことをある程度イメージしていたので、震災後に地域住民が避難してきた際の対応が割とスムーズでした。
　　　　　　　　　　　　　　　　　　　（宮城県　児童館長）

〈〈〈 保護者との引き渡し訓練・説明会 〉〉〉

　引き渡しのルールに則って、訓練を実施します。事前に説明資料を配布し、実施後に再度確認する説明会を開催します。
　引き取らない（引き取れない）訓練も検討します。津波などが発生した場合や保護者が帰宅困難になった場合、引き渡せない場合があります。防災キャンプなどと組み合わせて、子どもたちにも理解してもらう機会をつくりましょう。

5 職員研修

　職員の研修に防災・減災をテーマにしたものを取り入れていきましょう。テーマ例としては次のようなものが考えられます。

＊応急手当
＊避難所運営
＊避難訓練の展開方法
＊心のケア
＊過去の被災地の児童館での取組
＊過去の被災地の児童館への視察

> 震災の前年に中越地震の被災地の児童館に視察に行き、話を聞いていたことで、実際に自分たちが被災したときに役立ちました。心構えができていたのだと思います。
>
> （能登半島地震被災地の児童館職員）

07

災害に備える（ソフト面）

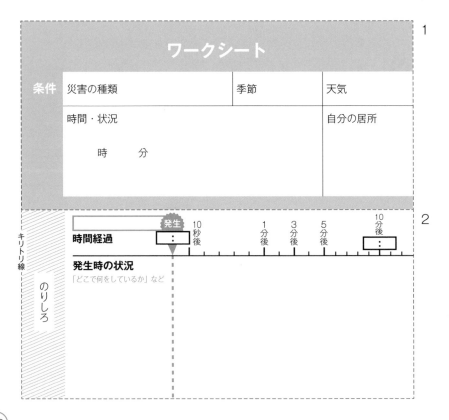

参考 震災後の対応を シミュレーションする

　マニュアル、BCP策定、研修などの際に、自分たちがどのように動くべきなのかを検討するためにシミュレーションを時間経過に合わせて実施することをおすすめします。

①シミュレーションの条件を設定します。
②同じ災害でも季節や時間、天候によって状況が大きくことなります。
③自分がその場にいた際に、どのような動きをするのかを時系列に記入していきます。
④職員間で対応の過不足、課題をみつけていきます。
⑤対応策を検討します。

1

ワークシート

条件	災害の種類		季節	天気
	時間・状況 　　時　　分			自分の居所

2

キリトリ線

のりしろ

時間経過		発生 ：：：：：：	10 秒 後	1 分 後	3 分 後	5 分 後	10 分 後 ：：：：：：

発生時の状況
「どこで何をしているか」など

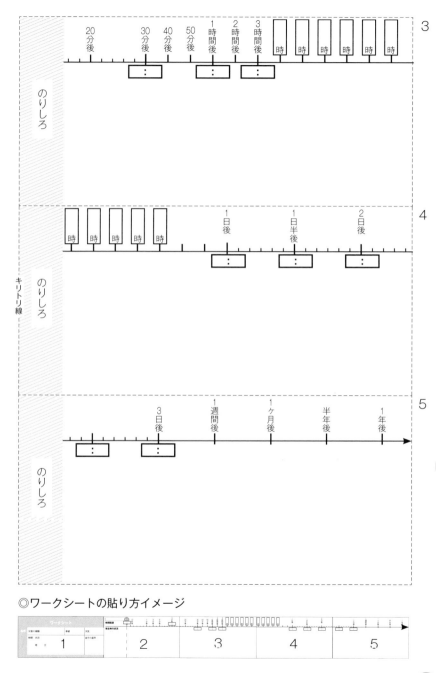

3

4

キリトリ線

のりしろ

のりしろ

のりしろ

20分後　30分後　40分後　50分後　1時間後　2時間後　3時間後

時　時　時　時　時　時

時　時　時　時　時　1日後　1日半後　2日後

5

3日後　1週間後　1ヶ月後　半年後　1年後

◎ワークシートの貼り方イメージ

ワークシート				
1	2	3	4	5

07

災害に備える（ソフト面）

参考：目黒巻 http://risk-mg.iis.u-tokyo.ac.jp/meguromaki/meguromaki.html

災害時でも求められる児童館の役割

災害に限ることなく、児童館が果たしている機能は子どもたち・保護者・地域にとって重要なものです。

児童館の基本機能

　児童館ガイドラインでも示されているように「遊びと生活」を支える施設として、子どもたち・子育て家庭の状況変化に即して、柔軟に対応できる児童館は災害時にも必要とされます。

　特に、遊び環境が激変する災害時においては、子どもが子どもらしく過ごせる場を継続して提供することは復興期を見据えても重要です。子どもの心を支える居場所としての機能が発揮されます。

　また、生活環境が変化することで、子どもの心身に影響を与えることがあります。保護者も支援を必要とする場合があります。児童福祉施設としての援助スキルを生かして、積極的にかかわることが求められます。

コミュニティとのつながり

　児童館の機能には「地域の健全育成環境づくり」もあります。これは防災・減災にもつながるものです。子ども・子育てをキーワードに、地域と日頃からつながっている児童館は、災害の場面でも互いを支える力を発揮できる可能性があります。顔の見える関係づくりが緊急時には支え合いを生み出したり、命を救うことにつながる場合もあります。

　災害を経験し、新たなコミュニティとのつながりを実感することもあります。地域外の支援者、ボランティアの力をうまく引き出す、あるいは効果的に支援を受けることは、結果的に復旧・復興を促進することにもつながります。支援をより良く受ける力「受援力」を高めることも大切と言えます。

児童館ならではの復興へのかかわり

　大人だけではなく、子どもたちもコミュニティでのつながりを生み出します。過去の災害を経験した児童館では「子どもは災害時には立派な担い手になる」と証言しています。子どもたちが地域住民の一人としての役割を果たせるような活動を児童館は仕掛けていくことができます。これにより、支援を受けるだけの存在から、復興への一歩を踏み出すことにつながることでしょう。

児童福祉施設としての社会的責任

　災害時に利用している子どもたち・保護者を支援することはもちろんのこと、すべての子ども・子育てに関わることが期待されています。京都市内の児童館が加盟する公益社団法人京都市児童館学童連盟と京都市の間で締結されている「災害時における子どもの一時預かり等の協力に関する協定」はその期待を形にするものです。内容としては、災害時に同連盟加盟施設 140 か所において、放課後児童健全育成事業登録児童以外の小学生の一時預かりを行う、避難所等へ児童厚生員を派遣し、子どもや保護者に対して、遊びや交流の機会の提供及び子育て相談等を行う、というものです。児童館が果たすべき役割を明確にすることによって、その存在価値を高めています。

　児童館ガイドラインで指摘されているとおり、地域の期待に応える児童館としての役割・機能を改めて振り返り、防災・減災の取組を継続していきましょう。

　近年の子どもが巻き込まれる事故の多発を受け、児童福祉法等の一部を改正する法律（令和4年法律第66号）において、都道府県等が条例で定める児童福祉施設等の運営に関する基準のうち「児童の安全の確保」に関するものは国が定める基準に従わなければならないこととする改正が行われました。

　「児童福祉施設の設備及び運営に関する基準等の一部を改正する省令（令和4年厚生労働省令第159号）」において、児童館と放課後児童クラブについては、令和5年4月1日より安全に関する事項についての計画を各事業所・施設において策定することを義務付けることになっています。

　また、業務継続計画を策定し、職員に対し周知するとともに、必要な研修及び訓練を定期的に実施すること、定期的に業務継続計画の見直しを行うこと、感染症及び食中毒の予防及びまん延防止のための研修・訓練を実施することも努力義務として定めております。

　これにより「児童福祉施設の設備及び運営に関する基準」「放課後児童健全育成事業の設備及び運営に関する基準」に「安全計画の策定等」、「業務継続計画の策定等」が追加、「衛生管理等」の更新等がそれぞれされています。

　ここでは近年国から発出された関連資料を掲載しています。

令和5年4月

◆「児童福祉施設の設備及び運営に関する基準等の一部を改正する省令（令和4年厚生労働省令第159号）」（令和4年11月30日）抜粋
　　　「児童福祉施設の設備及び運営に関する基準」「放課後児童健全育成事業の設備及び運営に関する基準」の主な改正箇所

◆放課後児童クラブ等における安全計画の策定に関する留意事項等について（令和4年12月21日 事務連絡）
　　　別添資料4　放課後児童クラブ安全計画例
　　　別添資料5　児童館安全計画例
　　　別添資料6　放課後児童クラブ等が行う児童の安全確保に関する取組と実施
　　　　　　　　時期例
　　※別添資料1　児童福祉法関連 参照条文 、別添資料2 子ども・子育て支援法関連参照条文、
　　　別添資料3 学校保健安全法関連 参照条文は省略

◆児童福祉施設等における業務継続計画等について（令和4年12月23日 事務連絡）
　　・児童福祉施設等における業務継続計画（ひな形）

○厚生労働省令第 159 号

　児童福祉法（昭和 22 年法律第 164 号）第 21 条の 5 の 19 第 3 項、第 24 条の 12 第 3 項、第 34 条の 8 の 2 第 2 項、第 34 条の 16 第 2 項、第 45 条第 2 項及び第 49 条の規定に基づき、児童福祉施設の設備及び運営に関する基準等の一部を改正する省令を次のように定める。

　　令和 4 年 11 月 30 日

厚生労働大臣加藤勝信

　　　　児童福祉施設の設備及び運営に関する基準等の一部を改正する省令
（児童福祉施設の設備及び運営に関する基準の一部改正）
第 1 条　児童福祉施設の設備及び運営に関する基準（昭和 23 年厚生省令第 63 号）の一部を次の表のように改正する。

「児童福祉施設の設備及び運営に関する基準」の主な該当箇所を抜粋
（傍線部分は改正部分）
（児童福祉施設と非常災害）
第 6 条　児童福祉施設（障害児入所施設及び児童発達支援センター（次条、第 9 条の 5 及び第 10 条第 3 項において「障害児入所施設等」という。）を除く。第 9 条の 4 及び第 10 条第 2 項において同じ。）においては、軽便消火器等の消火用具、非常口その他非常災害に必要な設備を設けるとともに、非常災害に対する具体的計画を立て、これに対する不断の注意と訓練をするように努めなければならない。
2　（略）

（非常災害対策）
第 6 条の 2　（略）
2　障害児入所施設等は、非常災害に備えるため、避難及び消火に対する訓練にあつては毎月 1 回、救出その他必要な訓練にあつては定期的に行わなければならない。
3　障害児入所施設等は、前項に規定する訓練の実施に当たつて、地域住民の参加が得られるよう連携に努めなければならない。

（安全計画の策定等）

第6条の3　児童福祉施設（助産施設、児童遊園及び児童家庭支援センターを除く。以下この条において同じ。）は、児童の安全の確保を図るため、当該児童福祉施設の設備の安全点検、職員、児童等に対する施設外での活動、取組等を含めた児童福祉施設での生活その他の日常生活における安全に関する指導、職員の研修及び訓練その他児童福祉施設における安全に関する事項についての計画（以下この条において「安全計画」という。）を策定し、当該安全計画に従い必要な措置を講じなければならない。

2　児童福祉施設は、職員に対し、安全計画について周知するとともに、前項の研修及び訓練を定期的に実施しなければならない。

3　保育所及び児童発達支援センターは、児童の安全の確保に関して保護者との連携が図られるよう、保護者に対し、安全計画に基づく取組の内容等について周知しなければならない。

4　児童福祉施設は、定期的に安全計画の見直しを行い、必要に応じて安全計画の変更を行うものとする。

（他の社会福祉施設を併せて設置するときの設備及び職員の基準）

第8条　児童福祉施設は、他の社会福祉施設を併せて設置するときは、必要に応じ当該児童福祉施設の設備及び職員の一部を併せて設置する社会福祉施設の設備及び職員に兼ねることができる。

2　前項の規定は、入所している者の居室及び各施設に特有の設備並びに入所している者の保護に直接従事する職員については、適用しない。ただし、保育所の設備及び職員については、その行う保育に支障がない場合は、この限りでない。

（業務継続計画の策定等）

第9条の4　児童福祉施設は、感染症や非常災害の発生時において、利用者に対する支援の提供を継続的に実施するための、及び非常時の体制で早期の業務再開を図るための計画（以下この条において「業務継続計画」という。）を策定し、当該業務継続計画に従い必要な措置を講ずるよう努めなければならない。

2　児童福祉施設は、職員に対し、業務継続計画について周知するとともに、必要な研修及び訓練を定期的に実施するよう努めなければならない。

3　児童福祉施設は、定期的に業務継続計画の見直しを行い、必要に応じて業務

継続計画の変更を行うよう努めるものとする。

（削る）
第９条の５　障害児入所施設等は、感染症や非常災害の発生時において、利用者に対する障害児入所支援又は児童発達支援の提供を継続的に実施するための、及び非常時の体制で早期の業務再開を図るための計画（以下この条において「業務継続計画」という。）を策定し、当該業務継続計画に従い必要な措置を講じなければならない。
２・３　（略）

（衛生管理等）
第10条　（略）
２　児童福祉施設は、当該児童福祉施設において感染症又は食中毒が発生し、又はまん延しないように、職員に対し、感染症及び食中毒の予防及びまん延の防止のための研修並びに感染症の予防及びまん延の防止のための訓練を定期的に実施するよう努めなければならない。
３～５　（略）

（職員）
第63条　（略）
２～９　（略）
10　第８条第２項の規定にかかわらず、保育所若しくは家庭的保育事業所等（家庭的保育事業等の設備及び運営に関する基準（平成26年厚生労働省令第61号）第１条第２項に規定する家庭的保育事業所等（居宅訪問型保育事業を行う場所を除く。）をいう。第69条第２項において同じ。）に入所し、又は幼保連携型認定こども園に入園している児童と福祉型児童発達支援センターに入所している障害児を交流させるときは、障害児の支援に支障がない場合に限り、障害児の支援に直接従事する職員については、これら児童への保育に併せて従事させることができる。

（職員）
第69条　（略）
２　第８条第２項の規定にかかわらず、保育所若しくは家庭的保育事業所等に入

所し、又は幼保連携型認定こども園に入園している児童と医療型児童発達支援センターに入所している障害児を交流させるときは、障害児の支援に支障がない場合に限り、障害児の支援に直接従事する職員については、これら児童への保育に併せて従事させることができる。

「放課後児童健全育成事業の設備及び運営に関する基準」の一部改正

第7条　放課後児童健全育成事業の設備及び運営に関する基準（平成26年厚生労働省令第63号）の一部を次の表のように改正する。

「放課後児童健全育成事業の設備及び運営に関する基準」の主な該当箇所を抜粋

（傍線部分は改正部分）

（安全計画の策定等）

第6条の2　放課後児童健全育成事業者は、利用者の安全の確保を図るため、放課後児童健全育成事業所ごとに、当該放課後児童健全育成事業所の設備の安全点検、職員、利用者等に対する事業所外での活動、取組等を含めた放課後児童健全育成事業所での生活その他の日常生活における安全に関する指導、職員の研修及び訓練その他放課後児童健全育成事業所における安全に関する事項についての計画（以下この条において「安全計画」という。）を策定し、当該安全計画に従い必要な措置を講じなければならない。

2　放課後児童健全育成事業者は、職員に対し、安全計画について周知するとともに、前項の研修及び訓練を定期的に実施しなければならない。

3　放課後児童健全育成事業者は、利用者の安全の確保に関して保護者との連携が図られるよう、保護者に対し、安全計画に基づく取組の内容等について周知しなければならない。

4　放課後児童健全育成事業者は、定期的に安全計画の見直しを行い、必要に応じて安全計画の変更を行うものとする。

（業務継続計画の策定等）

第12条の2　放課後児童健全育成事業者は、放課後児童健全育成事業所ごとに、感染症や非常災害の発生時において、利用者に対する支援の提供を継続的に実施するための、及び非常時の体制で早期の業務再開を図るための計画（以下この条において「業務継続計画」という。）を策定し、当該業務継続計画に従い必要な措置を講ずるよう努めなければならない。

２　放課後児童健全育成事業者は、職員に対し、業務継続計画について周知する<u>とともに、必要な研修及び訓練を定期的に実施するよう努めなければならない。</u>

３　<u>放課後児童健全育成事業者は、定期的に業務継続計画の見直しを行い、必要</u>に応じて業務継続計画の変更を行うよう努めるものとする。

（衛生管理等）

第13条　（略）

２　放課後児童健全育成事業者は、放課後児童健全育成事業所において感染症又は食中毒が発生し、又はまん延しないように、<u>職員に対し、感染症及び食中毒の予防及びまん延の防止のための研修並びに感染症の予防及びまん延の防止のための訓練を定期的に実施する</u>よう努めなければならない。

３　（略）

- -

附則

（施行期日）

第１条　この省令は、令和５年４月１日から施行する。

（安全計画の策定等に係る経過措置）

第２条　この省令の施行の日から令和６年３月31日までの間、第１条の規定による改正後の児童福祉施設の設備及び運営に関する基準第６条の３（保育所に係るものを除く。）、第３条の規定による改正後の児童福祉法に基づく指定通所支援の事業等の人員、設備及び運営に関する基準第40条の２、第４条の規定による改正後の児童福祉法に基づく指定障害児入所施設等の人員、設備及び運営に関する基準第37条の２及び第７条の規定による改正後の放課後児童健全育成事業の設備及び運営に関する基準第６条の２の規定の適用については、これらの規定中「講じなければ」とあるのは「講ずるよう努めなければ」と、「実施しなければ」とあるのは「実施するよう努めなければ」と、「周知しなければ」とあるのは「周知するよう努めなければ」とする。

事　務　連　絡
令和4年 12 月 21 日

各　都道府県
　　市区町村　　民生主管部（局）　御中

厚生労働省子ども家庭局子育て支援課

　　放課後児童クラブ等における安全計画の策定に関する留意事項等について

　第 208 回国会で可決・成立した児童福祉法等の一部を改正する法律（令和4年法律第 66 号）において、都道府県等が条例で定めることとされている児童福祉施設等の運営に関する基準のうち、「児童の安全の確保」に関するものについては、国が定める基準に従わなければならないこととする改正が行われました。また、令和4年9月には、静岡県牧之原市において、認定こども園の送迎バスに置き去りにされたこどもが亡くなるという大変痛ましい事案も発生しております。

　こうした中、上記改正を受け、「児童福祉施設の設備及び運営に関する基準等の一部を改正する省令（令和4年厚生労働省令第 159 号）」において、放課後児童健全育成事業（以下、「放課後児童クラブ」という。）及び児童館については、令和5年4月1日より安全に関する事項についての計画（以下「安全計画」という。）を各事業所・施設において策定することを義務付ける（令和5年4月1日から1年間は努力義務とし、令和6年4月1日から義務化）こととしています。

　放課後児童クラブ及び児童館（以下「放課後児童クラブ等」という。）における安全の確保に関する取組については、既に児童福祉法（昭和 22 年法律第 164 号）に基づく事業として、放課後児童健全育成事業の設備及び運営に関する基準（平成 26 年厚生労働省令第 63 号。以下「放課後児童クラブ設備運営基準」という。）、放課後児童クラブ運営指針（平成 27 年3月 31 日付け雇児発 0331 第 34 号厚生労働省雇用均等・児童家庭局長通知。）において示しており、児童館における安全の確保に関する取組については、既に児童福祉法に基づく児童福祉施設として、児童福祉施設の設備及び運営に関する基準（昭和 23 年厚生省令第 63 号。以下「児童福祉施設設備運営基準」という。）、児童館ガイドライン（平成 30

年10月1日付け子発1001第1号厚生労働省子ども家庭局長通知。）においてお示ししているところですが、今般、安全計画を各放課後児童クラブ等に策定いただくに当たり、既存の取組を踏まえた留意事項等を以下のとおり整理していますので、各都道府県・市区町村の放課後児童クラブ等の担当部局におかれては、当該内容を十分御了知の上、貴管内の放課後児童クラブ等に対して遺漏なく周知していただくようお願いします。

　また、今般安全計画の策定が義務づけられていない利用者支援事業所、地域子育て支援拠点事業所及び子育て援助活動支援事業所においても、放課後児童クラブ及び児童館の取組に準じて、各事業所等におけるこどもの安全や確保に向けた取組について留意いただくよう、貴管内の事業所等に対する周知をお願いいたします。

記

【新省令に基づく安全計画策定の規定内容について】
○　児童福祉施設の設備及び運営に関する基準等の一部を改正する省令（令和4年厚生労働省令第159号）の規定による改正後の放課後児童クラブ設備運営基準（以下「放課後児童クラブ新省令」という。）及び児童福祉施設設備運営基準（以下「児童福祉施設新省令」という。）に基づき全ての放課後児童クラブ等は、令和5年4月より利用する児童の安全を確保するための取組を計画的に実施するための計画を策定しなければならない。（放課後児童クラブ新省令第6条の2第1項、児童福祉施設新省令第6条の3第1項）
○　安全計画では、放課後児童クラブ等の設備の安全点検の実施に関すること、放課後児童支援員や児童厚生員等の職員（以下「放課後児童クラブ等職員」という。）や利用者等に対し、事業所・施設内での活動はもちろん、遠足等の事業所・施設外の活動時や、放課後児童クラブ等が独自にバス等による送迎サービスを実施している場合におけるバス等での運行時など事業所・施設外での活動、取組等においても、安全確保ができるために行う指導に関すること、安全確保に係る取組等を確実に行うための放課後児童クラブ等職員への研修や訓練に関することなどを計画的に行うためのものであることが求められる。（放課後児童クラブ新省令第6条の2第1項、児童福祉施設新省令第6条の3第1項）
○　策定した安全計画について、事業所・施設長や法人の理事長など放課後児童クラブ等の運営を管理すべき立場にある者（以下「事業所長等」という。）は、実際に児童への支援等を行う放課後児童クラブ等職員に周知するとともに、研修や訓練を定期的に実施しなければならない。（放課後児童クラブ新省令第

6条の２第２項、児童福祉施設新省令第６条の３第２項）

○　放課後児童クラブの運営を管理すべき立場にある者は、利用する児童の保護者に対し、事業所内外における児童の安全に関する連携を図るため、事業所での安全計画に基づく取組の内容等を入所時等の機会において説明を行うなどにより周知しなければならない。（放課後児童クラブ新省令第６条の２第３項）

　なお、児童館においても、利用する児童の保護者に対し、施設での安全計画に基づく取組の内容等を利用時等の機会において説明を行うなどにより周知することが望ましい。

○　事業所長等は、PDCAサイクルの観点から、定期的に安全計画の見直しを行うとともに、必要に応じて安全計画の変更を行うものとする。（放課後児童クラブ新省令第６条の２第４項、児童福祉施設新省令第６条の３第４項）

【安全計画の策定について】

○　放課後児童クラブ等は、安全確保に関する取組を計画的に実施するため、各年度において、当該年度が始まる前に、事業所・施設の設備等の安全点検や、事業所・施設外活動等を含む放課後児童クラブ等での活動、取組等における放課後児童クラブ等職員や児童に対する安全確保のための指導、放課後児童クラブ等職員への各種訓練や研修等の児童の安全確保に関する取組についての年間スケジュール（放課後児童クラブ等の活動安全計画）を定めること（具体的な安全計画のイメージについては、「放課後児童クラブ活動安全計画例」別添資料４、「児童館活動安全計画例」別添資料５などを参考の上で作成すること）

○　安全計画の作成に当たっては、「いつ、何をなすべきか」を「放課後児童クラブ等が行う児童の安全確保に関する取組と実施時期例」別添資料６などを参考に整理し、必要な取組を安全計画に盛り込むこと。

○　以上の一連の対応を実施することをもって放課後児童クラブ等における安全計画の策定を行ったこととすること

【児童の安全確保に関する取組について】

○　児童の安全確保のために行うべき取組については、放課後児童クラブ運営指針や児童館ガイドライン等に基づき取組が既になされていることが想定されるものや、保育所保育指針（平成29年厚生労働省告示第117号）や学校保健安全法（昭和33年法律第56号）の規定に基づく安全計画（以下「学校安全計画」という。）の策定などの取組内容等を踏まえ、以下のようなものが考えられる。

　なお、当該内容は例示であって、地域や各放課後児童クラブ等の特性に応じ、独自に取り組む安全対策等を行うことを否定するものではない点に留意されたい。

①安全点検について
（１）施設・設備の安全点検
・　放課後児童クラブ等の設備等（備品、遊具等や防火設備、避難経路等）は定期的[1]に安全点検を行うとともに、点検結果について文書として記録した上で、改善すべき点があれば速やかに改善すること。特に、児童の日常の遊びや生活に使用される設備等については、毎日点検し、必要な補修等を行うこと。
・　点検先は、事業所・施設内のみならず、公園など定期的に利用する場所も含むこと。

（２）マニュアルの策定・共有
・　活動時において、児童の動きを把握し、必要な声かけを行うなどの事故防止等に向けた取組について、職員間の役割分担を構築すること。
・　遊具を使用した活動や事業所・施設外の活動等、事故等のリスクが高い場面での職員が気をつけるべき点、役割分担を明確にすること。
・　緊急的な対応が必要な場面（災害、不審者の侵入、火事・ケガ（119番通報）等）を想定した役割分担の整理と掲示、保護者等への連絡手段の構築、地域や関係機関との協力体制の構築などを行うこと
・　これらをマニュアルにより可視化し、放課後児童クラブ等の運営に関係する全ての職員に共有すること

②児童・保護者への安全指導等
（１）児童への安全指導
・　児童の年齢、発達や能力に応じた方法で、児童自身が安全や危険を認識し、災害や事故発生時の約束事や行動の仕方について学習し、習得できるよう援助すること
・　児童館においては、乳幼児の保護者に対して、家庭における安全教育に関する情報提供を行うこと
・　地域の関係機関と連携し、交通安全について学ぶ機会を設けること

---

[1] 学校安全計画は毎学期１回以上（年に３回目途）とされている

（2）保護者等への周知・共有
・ 保護者に対し、放課後児童クラブ等において策定した安全計画やマニュアル等の安全に関する取組内容を周知・共有すること。
・ 日常生活においても、児童の安全に係るルール・マナーを遵守することや、送迎バスや自転車、公共交通機関で来所・帰宅する児童の保護者には、来所及び帰宅時の安全確保の観点から、交通安全・不審者対応について児童が通所時に確認できる機会を設けてもらうことなど、保護者と連携し、放課後児童クラブ等における活動外においても、児童の事故等の防止につなげること。
・ 放課後児童クラブ等において策定した安全計画やマニュアル等の安全に関する取組内容について、必要に応じて地域の関係機関と共有すること。
・ また、児童の安全の確保に関して、保護者との円滑な連携が図られるよう、安全計画及び放課後児童クラブ等が行う安全に関する取組の内容について、公表しておくことが望ましいこと。

③実践的な訓練や研修の実施
・ 避難訓練は、地震・火災だけでなく、地域特性に応じた様々な災害を想定して行うこと。
・ 救急対応（心肺蘇生法、気道内異物除去、AED・エピペン®の使用等）の実技講習を定期的に受け、放課後児童クラブ等内でも訓練を行うこと
・ 不審者の侵入を想定した実践的な訓練や119番の通報訓練を行うこと
・ 自治体が行う研修・訓練やオンラインで共有されている事故予防に資する研修動画などを活用した研修を含め、研修や訓練は放課後児童クラブ等の運営に関係する全ての職員が受講すること
・ 災害等の発生に備え、定期的に実践的な訓練や、研修を行うこと

④再発防止の徹底
・ ヒヤリ・ハット事例の収集及び要因の分析を行い、必要な対策を講じること
・ 事故が発生した場合、原因等を分析し、再発防止策を講じるとともに、①（1）の点検実施箇所や①（2）のマニュアルに反映した上で、職員間の共有を図ること

【安全確保に関する取組を行うに当たっての留意事項】
○ 遊具を使用した活動や事業所・施設外の活動等、事故等のリスクが高い場面での対応を含む事業所・施設内外での事故等を防止するための、職員の役割分

担等を定めるマニュアルや、緊急的な対応が必要な場面（災害、不審者侵入等）時における職員の役割分担や保護者への連絡手段等を定めるマニュアルの策定が不十分である場合は、速やかに策定・見直しを行うこと

○　事業所・施設内活動時はもちろん、遠足等の事業所・施設外活動時においては特に、常に児童の行動の把握に努め、職員間の役割分担を確認し、見失うことなどがないよう留意すること

○　児童を取り巻く多様な危険を的確に捉え、その発達の段階や地域特性に応じた取組を継続的に着実に実施する必要があること。例えば、災害については、地震、風水害、火災に留まらず、土砂災害、津波、火山活動による災害、原子力災害などを含め、地域の実情に応じて適切な対応に努められたいこと

○　放課後児童クラブ等において、独自にバス等による送迎サービスを実施している場合についても、放課後児童クラブ等が実施し、提供するサービスである以上は、活動時間外であるとしても、常に児童の行動の把握に努め、職員間の役割分担を確認し、児童の見落としなどがないよう対応が必要であること

　　このため、①点呼による乗降時の児童の人数確認、②車を離れる前に、最後列の椅子の下まで見落としがないか確認、複数の人の目による確認（ダブルチェックの徹底）等を徹底すること

　　また、令和5年4月より、放課後児童クラブ等において送迎用バスを運行するときは置き去り防止への対応として、点呼等による確認を義務づけることとしており、別途示す内容に沿って適切に対応すること

○　都道府県、指定都市、中核市は、児童福祉施設新省令の規定に基づき児童館が安全計画を策定し、当該計画に基づく安全確保のための取組を行っているかを指導・監査する必要があるが、当該指導・監査は、「児童福祉行政指導監査の実施について」（平成12年児発第471号厚生省児童家庭局長通知）の別紙1「児童福祉行政指導監査事項」における2　施設指導監査事項（2）児童福祉施設事項の第1の1の着眼点の欄中［児童入所施設］の「（5）子どもの生命を守り、安全を確保するために、事件や事故防止、健康管理に関して必要な措置が講じられているか。」の規定に基づき実施すること。

（別添資料4）

放課後児童クラブ 安全計画例

1. 安全点検

（1）施設・設備の安全点検（専用区画以外の場所について定期的に使用する場合は実施を検討すること）

	4月	5月	6月	7月	8月	9月
月						
重点点検箇所						

	10月	11月	12月	1月	2月	3月
月						
重点点検箇所						

（2）マニュアル（指針）の策定・共有

分野	策定時期	見直し（再点検）予定時期	掲示・管理場所
事故防止マニュアル（指針）	年　月　日	年　月　日	
□おやつ・食事	年　月　日	年　月　日	
□事業所外での活動	年　月　日	年　月　日	
□バス送迎（送実施している場合のみ）	年　月　日	年　月　日	
□降雪（※必要に応じ策定）	年　月　日	年　月　日	
防災マニュアル（指針）*	年　月　日	年　月　日	
救急対応時マニュアル（指針）*	年　月　日	年　月　日	
防犯（不審者対応時）マニュアル（指針）*	年　月　日	年　月　日	
感染症対応マニュアル（指針）	年　月　日	年　月　日	

*110番、119番対応を含む

2．児童・保護者に対する安全教育等
（1）児童への安全教育

	4~8月	9~12月	1~3月
1年生			
2・3年生			
4年生以上			

（2）保護者への周知・共有

4~8月	9~12月	1~3月

3. 訓練・研修

(1) 避難訓練等

認可運営基準第6条第2項の規定に基づき定期的に実施する避難及び消火に対する訓練

月	4月	5月	6月	7月	8月	9月
テーマ・取組						
参加予定者						

月	10月	11月	12月	1月	2月	3月
テーマ・取組						
参加予定者						

(2) その他訓練

訓練内容	実施予定時期 （時期と回数を記載）	参加予定者
119番通報訓練		
救急対応（心肺蘇生法、気道内異物除去、AED・エピペン®の使用等）		
不審者対応訓練（110番通報訓練等）		
来所・帰宅時における非常時対応訓練		
その他（送迎バスにおける見落とし防止等）		

（3）職員への研修・講習

4~8月	9~12月	1~3月

（4）行政等が実施する訓練・講習スケジュール　※所属する自治体や児童が通う学校が実施する各種訓練・講習スケジュールについて参加目途にかかわらず記載する

4．再発防止策の徹底（ヒヤリ・ハット事例の収集・分析の方法等）

（別添資料５）

児童館　安全計画例

1. 安全点検

（1）施設・設備の安全点検

月	4月	5月	6月	7月	8月	9月
重点点検箇所						

月	10月	11月	12月	1月	2月	3月
重点点検箇所						

（2）マニュアル（指針）の策定・共有

分野	策定時期	見直し（再点検）予定時期	掲示・管理場所
事故防止マニュアル（指針）	年　月　日	年　月　日	
□館外活動	年　月　日	年　月　日	
□バス送迎（※実施している場合のみ）	年　月　日	年　月　日	
□降雪（※必要に応じて策定）			
防災マニュアル（指針）＊	年　月　日	年　月　日	
救急対応時マニュアル（指針）＊	年　月　日	年　月　日	
不審者対応時マニュアル（指針）＊	年　月　日	年　月　日	
感染症対策マニュアル（指針）	年　月　日	年　月　日	

*110番、119番対応を含む

2. 児童・保護者に対する安全指導等
（1）児童への安全指導（安全学習）

	4～8月	9-12月	1～3月
就学前児童			
小・中・高校生世代			

（2）保護者への周知・共有

3. 訓練・研修
(1) 避難訓練等
設備運営基準第6条第2項の規定に基づき毎月1回以上実施する避難及び消火に対する訓練

月	4月	5月	6月	7月	8月	9月
テーマ・取組						
参加予定者※						

月	10月	11月	12月	1月	2月	3月
テーマ・取組						
参加予定者※						

※参加予定者=職員・来館者・関係者・地域住民等

(2) その他の訓練

訓練内容	実施予定時期 (時期と回数を記載)	参加予定者 (職員・来館者・関係者・地域住民等)
119番通報訓練		
救急対応（心肺蘇生法、気道内異物除去、AED・エピペン®の使用等）		
不審者対応訓練(110番通報訓練等)		
来所・帰宅時における非常時対応訓練		
その他（送迎バスにおける見落とし防止、避難所設営等）		

（3）職員への研修・講習

4~8月	9~12月	1~3月

（4）行政等が実施する訓練・講習スケジュール　※所属する自治体や地域団体が実施する各種訓練・講習スケジュールについて参加目途にかかわらず記載する

4．再発防止策の徹底（ヒヤリ・ハット事例の収集・分析及び対策とその共有の方法等）

（別添資料６）

放課後児童クラブ等が行う児童の安全確保に関する取組と実施時期例

実施時期	取組内容
年度開始前 ※取組が不十分の場合は 速やかに	・事業所・施設内外の安全点検に関する年間スケジュールを定める ・リスクが高い局面や緊急時の行動マニュアルを策定（見直し）し、放課後児童クラブ等職員間に共有、必要に応じ、掲示すること ・各種訓練（災害・救急対応・不審者対応・119番通報等）の実施に関する年間スケジュールを定める ・自治体等が実施する年間の研修を把握し、参加スケジュールを確認する ・中途採用者等のための研修機会確保のため、オンライン研修等の手段をあらかじめ把握する ・保護者に事業所・施設での安全対策を共有するとともに、家庭内での安全教育の実施を依頼する ・児童への交通安全を含む安全指導のため、地域の関係機関とも連携し、年齢や学年別の指導方法を定める ・特に新小学一年生に対する来所・帰宅時における安全教育や非常時対応に関する指導内容を定める
7月頃	・夏季休業中のマニュアルを職員に再周知・共有するとともに、必要に応じてマニュアルを見直す
11月頃	・降雪時等の屋外での活用のマニュアルを職員に再周知・共有するとともに、必要に応じてマニュアルを見直す ・冬季における来所・帰宅時における安全教育や非常事態対応に関する指導内容を再確認する
随時 ※職員の採用時又は放課 後児童クラブ利用児童の 入所時	・中途採用者等にオンライン研修等の受講機会を設ける ・保護者に事業所での安全対策を共有するとともに、家庭内での安全教育の実施を依頼する（再掲）
事故発生時 ※ヒヤリ・ハット事案 含む	・発生した事案の分析と再発防止策を検討し、安全点検やマニュアルに反映するとともに、放課後児童クラブ等職員や保護者に周知する

事　務　連　絡
令和4年12月23日

各
- 都　道　府　県
- 指　定　都　市
- 中　核　市
- 児童相談所設置市

児童福祉主管部（局）長　殿

厚 生 労 働 省 子 ど も 家 庭 局 総 務 課
厚 生 労 働 省 子 ど も 家 庭 局 保 育 課
厚 生 労 働 省 子 ど も 家 庭 局 家 庭 福 祉 課
厚 生 労 働 省 子 ど も 家 庭 局 子 育 て 支 援 課
厚 生 労 働 省 子 ど も 家 庭 局 母 子 保 健 課

児童福祉施設等における業務継続計画等について

　令和4年11月30日に、児童福祉施設の設備運営基準等の一部を改正する省令（令和4年厚生労働省令第92号。以下「改正省令」という。）が公布され、令和5年4月1日より施行されます。

　改正省令では、児童福祉施設等の感染防止対策・指導監査の在り方に関する研究会報告書（令和4年1月31日とりまとめ。以下「研究会報告書」という。）を踏まえ、児童福祉施設、小規模住居型児童養育事業所、家庭的保育事業所等、児童自立生活援助事業所及び放課後児童健全育成事業所（以下「児童福祉施設等」という。）に対して、

・業務継続計画を策定し、職員に対し周知するとともに、必要な研修及び訓練を定期的に実施すること。定期的に業務継続計画の見直しを行うこと

・感染症及び食中毒の予防及びまん延防止のための研修・訓練を実施することを努力義務として定めております。

　なお、令和3年度子ども・子育て支援推進調査研究事業において、

・業務継続計画を策定するにあたって配慮すべき事項をまとめた業務継続ガイドライン

　・業務継続ガイドライン等を活用し、業務継続計画の作成や見直しに資する研修動画
　・感染症対策マニュアル及び研修動画

が作成されており、国においても当該ガイドラインを用いて児童福祉施設等において業務継続計画を策定するためのひな形を作成しておりますので、ご参照ください。また、保育所、家庭的保育事業所等においては、「保育所における感染症対策ガイドライン（2018年改訂版）」（2022（令和4）年10月一部改訂）もご参照ください。

　つきましては、管内の関係団体及び児童福祉施設等に対して周知をお願いするとともに、都道府県におかれましては、管内市区町村に対する周知をお願いいたします。

　また、改正省令において、子育て短期支援事業所、地域子育て支援拠点事業所、一時預かり事業所、病児保育事業所及び子育て援助活動支援事業所等については、各事業の性質や実態等に鑑み、改正省令で業務継続計画の策定等の努力義務までは求めておりませんが、業務継続計画の策定等についてご検討されることは望ましく、そうした検討をしている事業所等に対しては、当該ガイドラインや研修動画等の周知をお願いいたします。

　なお、児童福祉施設のうち助産施設については、病院、診療所又は助産所に含まれることから、病院等において既に業務継続計画と同様の計画が策定されている場合は、改正省令に基づき、別途業務継続計画を策定する必要はありません。

以上

「業務継続ガイドライン」及び「感染症マニュアルについて」は144ページの関連資料検索参照

児童福祉施設等における業務継続計画

（ひな形）

法人名	社会福祉法人○○	代表者名	▲▲　▲▲
施設名 （施設類型）	■■園 （■■■■）	管理者名	△△　△△
所在地	東京都千代田区●●	電話番号	×××―××××―×××
作成日	○○年○○月○○日	改訂日	●●年●●月●●日

（本ひな形を使用するに当たっての留意事項）
・　このひな形は、「児童福祉施設における業務継続ガイドライン」（令和３年度子ども・子育て支援推進調査研究事業。以下「ガイドライン」という。）を踏まえて、児童福祉施設等でＢＣＰ（以下「ＢＣＰ」という。）を策定する際の参考として作成したものとなります。
・　このひな形は、児童福祉施設等におけるＢＣＰにおいて策定することが有用と考えられる項目と主な記載内容を記載したものです。実際の策定に当たっては、ガイドラインの該当箇所を参照するようお願いします。
・　なお、このひな形は、児童福祉施設のＢＣＰにおける「必要的記載事項」的なものを定める性格のものではありません。個々の施設の種別、施設の状況、既に策定されているＢＣＰの内容等を踏まえて策定に努められるべきものであります。また、例えば、個々の施設の状況等に応じて、このひな形や他に参考とする業務継続計画等で記載されている項目を段階的に埋めていくといった形で策定することもあり得ると考えています。

参考資料

Ⅰ　総則

1　想定するリスク

※「ガイドライン5ページ1.1：想定されるリスク」を参照し、感染症（新型コロナウイルス感染症など）、自然災害（地震、風水害について、自治体から公表されている被災想定を記載。施設が所在するハザードマップを掲載することも望ましい。）について、本BCPの「Ⅲ　BCP発動時の対策」で定める業務継続のための非常時対策の発動の基準となるリスク想定を記載します。

2　策定の目的

※「ガイドライン6ページ1.4：リスクに応じたBCPの基礎知識」も適宜確認した上で、「ガイドライン5ページ1.2.1：目的」を参照し、「施設の職員や保護者とともに子どもの安全を確保し業務を継続する体制を整える」といった、本BCPを策定する目的を記載します。

3　本計画の位置づけ

※「ガイドライン6ページ1.2.2：BCPの位置づけ」を参照し、施設で既に策定している消防計画、非常災害対策計画、避難確保計画など、他の非常時・災害時の対応についての計画と本BCPとの関係（災害時等の非常時に業務を継続するために必要な業務を明確化するもの、必要な業務について非常時（ライフラインが制限される状況や職員が少ない状況）に業務継続できるようにするための事前の必要な準備を行うものであること等）を記載します。

1

4　本計画の目標

※「ガイドライン6ページ1.3：BCPの目標」を参照し、①利用する子どもの安全の確保・保護者の安全の確保、②子どもの保育・養護を実施する職員の安全の確保、③施設機能の維持、④早期復旧・再開を念頭に本BCPにより達成する目標を記載します。「2　策定の目的」と合わせて記載することも可能です。

5　本BCPの主管部門（主任担当者等）

※本BCPの策定、実施、検証、見直しを担当する部門、担当者の役職等を記載します。

Ⅱ　事前対策

　　このⅡでいう「事前対策」は、感染症の拡大時や災害の発生に先立って平時より実施すべき対策となります。

1　感染症・自然災害共通事項
（1）地域との連携の推進

※「ガイドライン10ページ2.1.1：地域との連携」を参照し、施設のある地域の地区防災計画、施設・法人と地域との防災協定、福祉避難所の指定等があればその内容を記載し、自治体、町会、自治会等との防災面での地域との連携を推進していくこと等を記載します。

（2）防災組織の体制構築

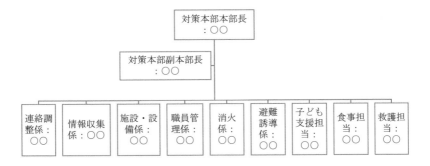

組織	役割	担当者／ 部署名	代行 (担当者不在 時の代行)
対策本部 本部長	全体を総括する		
対策本部 副本部長	事業全般に関する指揮 関係機関への協力要請		
連絡調整係	各施設や関係各所との連絡調整		

3

情報収集係	感染症発生・被災状況等に関する情報収集を担当する		
施設・設備係	施設・設備の状況確認 施設の被災状況の把握 備蓄品の確認・補充・分配		
職員管理係	職員の安否確認・健康状態の確認 職員の参集状況の把握 職員のローテーション管理 ボランティア対応		
消火係	初期消火の実施		
避難誘導係	利用する子どもや職員等の避難誘導		
利用する子ども担当	利用する子どもの安全確保 利用する子どもの生活の維持		
食事担当	食材の確保 非常時の食事の作成 感染症対応の食事の作成		
救護担当	利用する子どもの健康状態把握・投薬 感染予防 負傷者の処置		

※「ガイドライン10ページ2.1.2：防災組織の体制構築」、「参考―1ページ参考資料1：非常時の防災組織図（例）、参考資料2：非常時の防災組織体制（例）」を参照し、施設における非常時の防災組織の①組織図、②役割分担、③担当者、④代行者等を記載します。

（3）職員の安否確認

※「ガイドライン11ページ2.1.3、Ⅰ：職員安全確保」を参照し、職員の安否確認を速やかに行うこと、職員の安否確認の方法、体調管理の方法等を記載します。

4

（4）人員確保

※「ガイドライン11〜13ページ2.1.3、Ⅱ：人員確保の手段の検討」を参照し、施設への
アクセス状況が悪化している場合を想定した職員の参集の可否、職員の参集ルール、夜間
の発災時の人員不足への対応、人手不足の場合の対応、人的応援・物的応援の受入れ方針・
体制等を記載します。

（5）保護者との連携

※「ガイドライン14〜15ページ2.1.4、Ⅰ：保護者との連携」を参照し、施設内の子ども
の無事を確認して保護者に状況を報告するための伝達方法、保護者へ事前に周知すること
や周知方法等を記載します。

5

（6）関係各所との連携・情報収集

連絡先一覧

		連絡先	担当者	電話番号	その他の連絡手段
行政		市区町村自治体　管轄部署	●●	XXX-XXX-XXXX	
		都道府県　管轄部署	□□	XXX-XXX-XXXX	
		管轄児童相談所	▲▲	XXX-XXX-XXXX	
		子ども担当の児童相談所	▲▲	XXX-XXX-XXXX	子どもそれぞれの連絡先
		管轄保健所	●●	XXX-XXX-XXXX	
		管轄消防署	□□	XXX-XXX-XXXX	
		管轄警察署	▲▲	XXX-XXX-XXXX	
医療		嘱託医	▲▲	XXX-XXX-XXXX	
		看護師	●●	XXX-XXX-XXXX	
		協力医療機関	□□	XXX-XXX-XXXX	
利用する子ども関連	児童の通学する学校	○○小学校	▲▲	XXX-XXX-XXXX	
		○○中学校	●●	XXX-XXX-XXXX	
		○○高等学校	□□	XXX-XXX-XXXX	
		児童の保護者等			それぞれの連絡方法
協力業者		清掃業者	▲▲	XXX-XXX-XXXX	
		リネン業者	●●	XXX-XXX-XXXX	
		食材関係業者	□□	XXX-XXX-XXXX	
		設備関係業者	▲▲	XXX-XXX-XXXX	
		メンテナンス関係業者	●●	XXX-XXX-XXXX	
		燃料関係業者	□□	XXX-XXX-XXXX	
その他		地域の自治会	●●	XXX-XXX-XXXX	
		ボランティア団体	□□	XXX-XXX-XXXX	
		ボランティアの方：○○		XXX-XXX-XXXX	

情報収集先一覧

	連絡先	URL
気象	気象庁　防災情報	https://www.jma.go.jp/jma/index.html
防災情報	内閣府 防災情報のページ	http://www.bousai.go.jp/
防災情報	●●都道府県　防災情報のページ	
防災情報	●●市区町村　防災情報のページ	
自治体	●●市区町村　ホームページ	
自治体	●●都道府県　ホームページ	
自治体	管轄　福祉保健関連部署	
ライフライン	管轄の水道局	
ライフライン	管轄の電力会社	
ライフライン	管轄のガス会社	

※「ガイドライン15ページ2.1.4、Ⅱ：関係各所との連携・情報収集」「参考―2，3ペー
ジ参考資料3：連絡先一覧（例）、参考資料4：情報収集先一覧（例）」を参照し、災害時・
感染症発生時の関係各所への連絡先、情報収集先を洗い出して記載します。

（7）入退館管理

※「ガイドライン15ページ2.1.5：入退館管理」を参照し、非常時に施設内にいる子どもや
保護者を把握するため、入館者の管理方法等について検討して記載します。

7

2　感染症に係る事前の対策

（1）優先的に実施する業務

※「ガイドライン16ページ2.2.1：非常時に優先的に実施する業務の整理、参考―4ページ
　参考資料5：新型コロナウイルス感染症発生時の優先業務（入所施設例）、参考―5ページ
　参考資料6：新型コロナウイルス感染症発生時の優先業務（通所施設例）」を参照し、非常
　時に優先的に実施する業務（感染症の予防および生命維持のための業務（排泄・食事・医
　療的配慮等））を地域や施設内の感染症拡大状況に応じて整理して記載します。

（2）備品の確保

※「ガイドライン16ページ2.2.2：備品の確保」を参照し、必要な備蓄品を備蓄すること、
　定期的に点検すること、対象となる備蓄品、保管場所、備蓄量、調達先等を記載します。

（3）感染者発生時等のためのゾーニングの検討

8

※「ガイドライン１７ページ2.2.3：感染が疑われる症状がある者・感染者等発生時のための
ゾーニングの検討」を参照し、感染が疑われる症状がある者や感染者等発生時に施設内の
ゾーニングを行うこと、施設内のゾーニングの方法を記載します。

（４）職員の体調管理

「※ガイドライン１８ページ2.2.4：職員の体調管理、参考―6ページ参考資料７－１：体調
チェックシート（職員用）」を参照し、本ＢＣＰが対象としている感染症が国内で発生して
いる状況において、職員の体調把握等を行うことやその方法等について記載します。

（５）施設利用者の体調管理、入退館管理

※「ガイドライン１８ページ 2.2.5：施設を利用する子どもや入館者の体調管理・入退館管
理、参考―7ページ参考資料７－２：体調チェックシート（入館者用）」を参照し、本Ｂ
ＣＰが対象としている感染症が国内で発生している状況において、利用する子ども、出入り
業者等の入退館管理、体調把握等を行うことやその方法等について記載します。

3　自然災害の事前対策
（１）非常時に優先的に実施する業務

9

（空欄）

※「ガイドライン18〜19ページ2.3.1：非常時に優先的に実施する業務の整理、参考—8
　ページ参考資料8：新型災害時の優先業務（入所施設例）、参考—9ページ参考資料9：災
　害時の優先業務（通所施設例）」を参照し、非常時に優先的に実施する業務（「生命維持の
　ための業務（排泄・食事・医療的配慮等）」、「防寒・防暑対策」、「宿泊対応」等）を災害発
　生タイムラインに応じて整理して記載します。

（2）施設のリスク

①立地条件

（空欄）

※「ガイドライン20ページ2.3.2、Ⅰ：立地条件の確認」を参照し、自治体が公表している
　ハザードマップなどを活用し、施設の立地条件、災害時のリスク等を記載します。

②避難場所、避難経路

（空欄）

10

※「ガイドライン20ページ2.3.2、Ⅱ：避難場所の確認、Ⅲ：避難経路の確認」を参照し、避難場所の安全性の確認状況、複数の避難場所の想定、避難経路の安全性の確認状況、複数の避難経路の想定等を記載します。

③避難誘導

※「ガイドライン20ページ2.3.2、Ⅳ：避難誘導の検討」を参照し、施設を利用する子どもの状況に適した避難誘導の方法等を記載します。

④ライフラインの対応策

※「ガイドライン21ページ2.3.3：ライフラインの対応策の検討」を参照し、停電、断水、ガス停止の際の対応策を記載します。

⑤備蓄品

11

※「ガイドライン２１ページ2.3.4：備蓄品の確保」を参照し、優先業務を最低３日間継続で
きるための食料品、医薬品、寝具といった備蓄品を備蓄すること、定期的に点検すること、
対象となる備蓄品、保管場所、備蓄量、調達先等を記載します。

⑥非常用の持ち出し品・重要書類

※「ガイドライン２２ページ2.3.5：非常用持ち出し品・重要書類の確認」を参照し、非常用
の持ち出し品・重要書類を確認し、非常時に持ち出せるようにしておくこと、持ち出す品・
書類やその量等を記載します。

12

Ⅲ　ＢＣＰ発動時の対策

1　感染症にＢＣＰ発動時の対策

（1）感染症発生時の事前対策

（空欄）

※「ガイドライン23ページ3.1.1：事前の対策、参考―4ページ参考資料5：新型コロナウイルス感染症発生時の優先業務（入所施設例）、参考―5ページ参考資料6：新型コロナウイルス感染症発生時の優先業務（通所施設例）」を参照し、海外・国内・地域でＢＣＰの対象となる感染症が発生したが、施設内で感染又は感染が疑われる事例が発生していない段階で実施する対策について、その状況に応じて、記載します。

（2）感染が疑われる症状がある者の発生時

（空欄）

※「ガイドライン23ページ3.1.2：感染が疑われる症状がある者の発生時の対応、参考―4ページ参考資料5、参考―5ページ参考資料6」を参照し、施設を利用する子どもや施設の職員で感染が疑われる症状がある者の発生時の対応について、「3.1.5：感染の可能性が高い者、感染者等発生ステージ別の対応のまとめ」の内容も参考に記載します。

（3）感染の可能性が高い者の発生時

（空欄）

13

※「ガイドライン24ページ3.1.3：感染の可能性が高い者の発生時の対応、参考—4ページ
参考資料5、参考—5ページ参考資料6」を参照し、施設を利用する子どもや施設の職員
で感染の可能性が高い者の発生時の対応について、「3.1.5：感染の可能性が高い者、感染
者等発生ステージ別の対応のまとめ」の内容も参考に記載します。

（4）感染者発生時

※「ガイドライン25ページ3.1.4：感染者発生時の対応、参考—4ページ参考資料5、参考
—5ページ参考資料6」を参照し、施設を利用する子どもや施設の職員に感染者が発生し
た時の対応について、「3.1.5：感染の可能性が高い者、感染者等発生ステージ別の対応の
まとめ」の内容も参考に記載します。

（5）通常業務の再開

※「ガイドライン27ページ3.1.6：通常業務の再開」を参照し、施設内での感染者や感染の
可能性の高い者等が減少した場合、少しずつ通常業務を再開し、一定継続可能となった場
合にはBCPに基づいた業務継続のための対策を終了する旨記載します。

（6）不足する職員の支援対策の実施

※「ガイドライン２７ページ3.1.7：不足する職員の支援対策の実施」を参照し、職員が不足する状況となったときを想定し、施設内での勤務調整、法人内での人員確保、（7）の人的応援の受入れや自治体への相談等について検討し、その内容及び職員が不足する状況となったときには検討した不足職員の支援対策を実施すること等を記載します。

（7）人的応援と受け入れ

※「ガイドライン２８ページ3.1.8：人的応援と受け入れ」を参照し、感染症拡大時の外部からの人的応援や実習生の受け入れについて、職員の不足の状況と受け入れた場合のリスク等を考慮して受け入れを判断すること、受け入れる場合の体調管理の方法や対応してもらうことを想定する業務等を記載します。

2 自然災害発生時の対応

（1）地震

①発災時の時間経過別の対応

※「ガイドライン２９〜３０ページ3.2.1：発災から時間経過別の対応、参考―８ページ参考
資料８：災害時の優先業務（入所施設例）、参考―９ページ参考資料９：災害時の優先業務
（通所施設例）」を参照し、本計画で想定しているリスクに該当する程度の地震の発生から
時間経過別の対応について記載します。

②災害時の地域ニーズへの対応

※「ガイドライン３１ページ3.2.2：災害時の地域ニーズの対応」を参照し、施設が使用でき
る際、地域での救援活動が求められる場合の実施内容について記載します。

（2）風水害

①事前の対策

※「ガイドライン３１ページ3.3.1：事前の対策」を参照し、気象情報などから情報を入手し、

災害発生の可能性や避難の必要性を検討することを記載します。また、行政の気象情報を理解し、避難のタイミング等を事前に検討し、記載します。ほか、風水害時等への事前の備えを行う場合も記載します。

②発災時の時間経過別の対応

※「ガイドライン32～33ページ3.3.2：発災から時間経過別の対応、参考－8ページ参考資料8：災害時の優先業務（入所施設例）、参考－9ページ参考資料9：災害時の優先業務（通所施設例）」を参照し、施設が被災する可能性のある災害が発災した場合の時間経過別の対応について記載します。

③災害時の地域ニーズへの対応

※ガイドライン33ページ3.3.3：（ガイドライン31ページ3.2.2：災害時の地域ニーズの対応及び上記Ⅲ2（1）②）を参照し、施設が使用できる際、地域での救援活動が求められる場合の実施内容について記載します。

17

Ⅳ　ＢＣＰの検証

1　ＢＣＰの検証

※「ガイドライン３４ページ 4.1：PDCA サイクルと業務継続マネジメント、３５ページ表4
－1：避難訓練の事例」を参照し、ＢＣＰに基づき計画した事項の実施、計画の周知・教
育、災害ケースに応じた訓練（避難訓練）の実施、その上でＢＣＰの課題の洗い出し、見直
し・改善等のＢＣＰの更新を行うことについて記載します。

参考資料

児童福祉施設における業務継続ガイドライン

児童福祉施設等の非常時の対策の在り方や児童福祉施設等における BCP（業務継続）の在り方についてのガイドライン

https://www2.deloitte.com/jp/ja/pages/public-sector/articles/gv/zidoufukushishisetsu.html

児童福祉施設における感染症対策マニュアル

感染症対策を行う児童福祉施設向けの感染症対策マニュアル

https://www2.deloitte.com/jp/ja/pages/public-sector/articles/gv/kannsenshou.html

非常時における児童館 とりくみハンドブック〜感染症・自然災害時の対応を考える〜

児童館での感染症対策、自然災害対応の考え方がモデル事例とともにわかりやすく解説されています。

発行：厚生労働省子ども家庭局子育て支援課（令和４年３月）

https://www.mhlw.go.jp/content/11900000/000925924.pdf